Título original: *Lèxic científic gastronòmic*

© Fundación Alícia, 2006
© De las fotografías: Francesc Guillamet,
   Hans Gissinger, 2006
© De la traducción: Josep Maria Pinto, 2006
© Editorial Planeta, S. A., 2006
   Diagonal, 662-664, 08034 Barcelona (España)

Primera edición: enero de 2006
Depósito Legal: B. 40.991-2005
ISBN 84-08-06535-1

Impresión y encuadernación: Industrias Gráficas Marmol, S. L.
Printed in Spain - Impreso en España

Léxico científico gastronómico

Las claves para entender
la cocina de hoy

Alícia & elBullitaller

Traducción
Josep Maria Pinto

Este Léxico *es una obra viva, que pretende adecuarse cada vez más a las necesidades reales del cocinero. Ayúdenos a completarla y a mejorarla, háganos llegar sus sugerencias.*

lexico@alimentacioiciencia.org

Los derechos de autor que se obtengan con el *Léxico científico gastronómico* están destinados al Departamento Científico de la Fundación Alícia, con el fin de seguir trabajando en éste y otros proyectos.

Introducción

A pesar de que la mayoría de reacciones, cocciones y operaciones que se hacen en cocina tienen una explicación científica, el mundo culinario y la ciencia han vivido muy alejados, y raramente se ha dado una colaboración entre ambos. Últimamente se han producido iniciativas para establecer un diálogo entre ambas disciplinas que, tanto por sus objetivos como por sus métodos, en principio tienen poco que ver la una con la otra.

Y la razón ha sido muy sencilla; desde el mundo de la gastronomía se ha ido forjando una conciencia: el conocimiento de los procesos que posibilitan las operaciones culinarias no puede más que beneficiar a todos los profesionales que se dedican a este trabajo que, hasta ahora, actuaban mediante el método tradicional de ensayo-error.

Este *Léxico científico gastronómico* pretende acercar a los cocineros los términos que los ayudarán a comprender mejor la naturaleza de los alimentos con los que trabajan cada día y el porqué de las reacciones que se producen, y les permitirán descubrir las potencialidades de una serie de productos que posibilitan o facilitan ciertas elaboraciones.

Se trata de una obra pensada para que los profesionales de la restauración puedan consultar de manera rápida, fácil y comprensible, lo que se necesita saber en una cocina desde el punto de vista científico. La selección de las entradas que conforman el *Léxico* se ha regido por un espíritu eminentemente práctico; esperamos, pues, que los cocineros puedan encontrar respuesta a algunas de sus preguntas y ensanchar sus conocimientos en una materia que cada día tocan con sus propias manos.

Ahora bien, para la redacción de esta obra no hemos podido contar más que con nuestra reflexión, nuestra intuición y un trabajo de continua búsqueda en los ámbitos más diversos, ya que este tipo de bibliografía es prácticamente inexistente. Por ello, y más que nunca, debemos afirmar que se trata de una obra viva, con vocación de cimientos, de «primera piedra», para que en el futuro, entre todos, tanto los científicos que se interesen en ella como los cocineros que la utilicen, la vayamos mejorando y adecuando a las necesidades reales del mundo de la gastronomía.

Agradecimientos

Para la redacción del *Léxico científico gastronómico* ha sido crucial la aportación de una serie de profesionales, tanto del ámbito de la ciencia como de la gastronomía, que han contribuido a dar a este libro su forma definitiva. En primer lugar es preciso dar las gracias a los hermanos Roca, así como a Gabriel y María; también a Salvador Brugués, Andoni Luís Aduriz, Quique Dacosta y Carme Ruscalleda, que se han prestado a realizar una lectura de los primeros borradores. Sus indicaciones nos han resultado enormemente valiosas.

En el mundo de la ciencia, hemos contado con la inestimable ayuda de Fernando Sapiña, Joaquín Pérez Conesa y Raimundo García del Moral. Robert Xalabarder y Claudi Mans han efectuado asimismo una lectura crítica y nos han ayudado a corregir los contenidos. Por su parte, Josep Maria Pinto ha estructurado y dado forma a todo el material. Y, evidentemente, debemos dar las gracias al equipo de la Fundación Alícia, Ingrid Farré, Elena Roura y Toni Massanés, así como a todo el equipo de elBulli por hacer posible esta idea que teníamos en mente desde hacía tanto tiempo.

Pere Castells
Director del Departamento Científico
de la Fundación Alícia

Albert y Ferran Adrià
elBullitaller

¿Cómo funciona el *Léxico científico gastronómico*?

a) Como su nombre indica, la obra está estructurada en forma de léxico, es decir, de entradas ordenadas por orden alfabético.

b) En cada una de las entradas se ofrece una definición que ayuda a situar cada voz de manera rápida.

c) Las «informaciones adicionales» que acompañan a las voces permiten profundizar en los contenidos y ayudan a la comprensión de la entrada.

d) En el caso de los aditivos y de otros productos, ofrecemos indicaciones relativas a su aplicación práctica, tanto en la industria alimentaria como en la restauración, así como instrucciones sobre sus dosificaciones y el modo de empleo.

e) Cuando hemos indicado que un producto se encuentra «En experimentación» no queremos significar que aún no se utilice en cocina. De hecho, muchos de estos productos se han usado en restaurantes, pero para los objetivos de esta obra preferimos no abordarlos en profundidad hasta que no contemos con más información, que esperamos incluir en siguientes ediciones.

f) Para que cada entrada quede situada en su ámbito correspondiente, las hemos dividido en diferentes campos (ver cuadro adjunto). Este campo o familia está incluido, en letra azul pequeña, justo por debajo del título de la entrada.

g) Algunas entradas, lógicamente, pertenecen a más de un campo. Por ejemplo, el ácido acético está englobado en la familia de Composición de los alimentos - ácidos, y al mismo tiempo en las de Aditivos - reguladores de la acidez y Aditivos - conservantes.

Aditivos	
Antioxidantes	Estabilizantes
Colorantes	Gases
Conservantes	Gelificantes
Edulcorantes	Humectantes
Emulsionantes	Potenciadores de sabor
Espesantes	Reguladores de la acidez
Composición de los alimentos	
Ácidos	Lípidos
Alcaloides	Minerales
Alcoholes	Pigmentos y otros compuestos
Hidratos de carbono	Proteínas
Conceptos alimentarios	
Conceptos científicos	
Percepciones organolépticas	
Procesos físicos o químicos	
Productos minerales	
Tecnología	
Aparatos	Utensilios

Ascórbico (ácido) (E-300)
composición de los alimentos - ácidos
aditivos - antioxidantes

¿Qué es? Ácido orgánico utilizado como aditivo antioxidante y aporte vitamínico.

¿De dónde proviene? / ¿Cómo se obtiene? De la fruta (cítricos, kiwi, etc.), verdura (pimiento rojo, etc.), hierbas (perejil, etc.). Se extrae con tratamiento fisicoquímico de algunos de estos productos.
Presentación: Producto cristalizado.

Informaciones adicionales:
Nombre científico de la vitamina C. También utilizado para posibilitar la absorción de hierro de algunos alimentos, por ejemplo lentejas.

Utilizaciones generales:
- **En industria alimentaria:** Conservas enlatadas, aceites y grasas, leche y nata, pan, bebidas (cervezas), industria cárnica y del pescado (carne picada, foie gras, pescado, crustáceos y moluscos). Productos vegetales elaborados. Confituras extra y jaleas y preparados a base de fruta para untar, incluidos los de valor energético reducido, jugos y zumos, etc.
- **En restauración:** Como antioxidante de verduras, frutas, zumos y jugos en general, etc.

Dosificación y modo de empleo:
- **Dosificación máxima tolerada:** QS.
- **Dosificación básica en cocina:** Igual o inferior a 0,5 %.
- **Modo de empleo:** Para productos sólidos se prepara un baño de agua al 0,5 % (5 g por kg) y se sumergen los productos. En productos líquidos, se añade directamente el ácido ascórbico, en proporción del 0,3 % (3 g por kg).

Acacia (Goma)

Véase Arábiga (Goma)

Aceites

composición de los alimentos - lípidos

¿Qué son?
- **Científicamente:** Tipos específicos de triglicéridos que a temperatura ambiente son líquidos.
- **Gastronómicamente:** Materia grasa de textura fluida a temperatura ambiente. Suelen ser de origen vegetal aunque también existen aceites animales.

Informaciones adicionales:
- Están asociados a los ácidos grasos insaturados porque tienen puntos de fusión bajos. Ello significa que se pueden mantener líquidos a temperatura ambiente.
- El hecho de tener ácidos grasos insaturados en su composición propicia que sean saludables, e incluso se ha dicho que son nutracéuticos.

Aceites esenciales

Véase Esencia

Acesulfame-K (o Acesulfamo-K) (E-950)

aditivos - edulcorantes

¿Qué es? Sal potásica utilizada como aditivo edulcorante, derivada de una amida (compuesto orgánico caracterizado por la presencia de nitrógeno).
¿De dónde proviene? / ¿Cómo se obtiene? Se obtiene por síntesis en la industria química a partir de derivados del petróleo (acetoacetamida).
Presentación: Producto en polvo.

Informaciones adicionales:
- Es un edulcorante intensivo, también llamado acesulfame de potasio o ace-K.
- Su poder edulcorante es de unas 200 veces el de la sacarosa (azúcar).
- Si se almacena en condiciones adecuadas de frío y sequedad, tiene una caducidad de unos 4 años aproximadamente.

Utilizaciones generales:
- **En industria alimentaria:** Confitería, bebidas, chicles, mermeladas. Edulcorante para diabéticos.
- **En restauración:** No tenemos constancia.

Acético (Ácido) (E-260)

composición de los alimentos - ácidos
aditivos - reguladores de la acidez
aditivos - conservantes

¿Qué es? Ácido orgánico, componente de los vinagres y aditivo cuando se utiliza puro. Se emplea como regulador de la acidez y conservante.
¿De dónde proviene? / ¿Cómo se obtiene? Del vinagre, producido por la fermentación de fruta (uva, manzana, etc.) y otros productos (arroz, etc.).
Presentación: En líquido.

Informaciones adicionales:
En los vinagres se encuentra en una proporción aproximada del 6 %.

Utilizaciones generales:
En industria alimentaria: Vinagretas, salsas, quesos, panes especiales, etc.
En restauración: No aplicado directamente. En disolución en forma de vinagre.

Acidez

conceptos científicos

¿Qué es? Indicación de la fuerza ácida de un producto.
¿Cómo se mide? Se mide científicamente en unas unidades llamadas pH. El margen es de 0 a 14 para las disoluciones acuosas.

Informaciones adicionales:
Por otro lado, se denomina acidez de estómago a una sensación de dolor abdominal. La causa de su aparición es el exceso de ácido clorhídrico producido por el estómago. Se puede combatir con productos que neutralicen este ácido, como por ejemplo el bicarbonato.

Indicación de la acidez de un producto		
Grado de acidez	pH	Ejemplos
Producto muy ácido	inferior a 3,5	zumo de limón (2,5)
Producto ácido	entre 3,5 y 5	jugo de tomate (4,5)
Producto poco ácido	entre 5 y 7	melón (6,5)
Producto neutro	igual a 7	agua
Producto básico	superior a 7 y hasta 14	clara de huevo (8,9)

> **¿Qué es?** Procedimiento por el que se añade un ácido a un producto o a una elaboración.

¿Qué es?
- **Científicamente:** Producto con una organoléptica característica a causa de su tendencia a ceder iones hidrógeno.
- **Gastronómicamente:** Recibe este nombre uno de los gustos fundamentales.

Informaciones adicionales:
Los productos ácidos tienen una acidez que puede ir desde pH 0 hasta pH 7 (en alimentación, de 2,5 a 7). *Véase* pH.

Utilizaciones generales: En cocina se puede acentuar el gusto ácido con cítricos (ácido cítrico), fermentados (ácido acético) o con el ácido málico de las manzanas.

Ácidos más utilizados en alimentación		
Derivados de frutas	Derivados de fermentación	Otros
ácido cítrico (naranjas, limones, etc.)	**ácido acético** (vinagre)	**ácido ascórbico** (vitamina C)
ácido málico (manzanas, etc.)	**ácido butírico** (quesos)	

¿Qué es? Ácido orgánico (es decir, formado por carbono, hidrógeno y oxígeno) que suele tener un número de carbonos relativamente alto (habitualmente 14, 16 o 18).

¿De dónde proviene? / ¿Cómo se obtiene? Se encuentra en combinación en la mayoría de los lípidos.

Presentación: Producto en polvo, en pasta o líquido.

Informaciones adicionales:

- Se encuentran habitualmente combinados con la glicerina, formando parte de los lípidos, fundamentalmente del tipo glicérido: monoglicéridos, diglicéridos y sobre todo triglicéridos.
- Por sí solos tienen olor y sabor desagradables, pero en forma de glicéridos varían sustancialmente estas características. Si en un lípido tipo grasa o aceite se produce la separación de los ácidos grasos (por hidrólisis de la grasa o del aceite), nos dará característica de rancio.
- En el caso de los aceites, la cantidad de ácido libre que haya nos dará su grado de acidez. Ejemplo: aceite de 0,4° indica 0,4 % de ácidos libres (0,4 g de ácido por cada 100 g de aceite).
- El uso prolongado de un aceite o una grasa, a altas temperaturas, libera ácidos grasos y otras sustancias que pueden ser perjudiciales para la salud.
- También se encuentran combinados en algunos aditivos emulsionantes. Ejemplo: E-471, monoglicéridos y diglicéridos.

Se clasifican en:

a) Ácidos grasos saturados: Que no tienen dobles enlaces en su molécula y que en medicina están asociados a problemas cardiovasculares. Tienen puntos de fusión altos y, por lo tanto, se encuentran normalmente en estado sólido a temperatura ambiente.

Ejemplos de ácidos grasos saturados con sus puntos de fusión:
- Palmítico: 63,1 °C
- Esteárico: 69,6 °C

Son los que forman, por ejemplo, la mayor parte de la mantequilla de leche de vaca, del sebo de buey, de la manteca de cerdo, de la manteca de cacao, etc.

b) Ácidos grasos insaturados: Sus puntos de fusión son cercanos o inferiores a la temperatura ambiente (20-25 °C). Pueden ser:
- **Ácidos monoinsaturados:** Que tienen un doble enlace en la molécula y sin los problemas sanitarios de los anteriores.
- **Ácidos poliinsaturados:** Que tienen más de un doble enlace en la molécula y que en medicina están asociados a la prevención de riesgos cardiovasculares.

Ejemplos de ácidos grasos insaturados con sus puntos de fusión:
- Oleico: 13,4 °C (monoinsaturado)
- Linoleico: −5 °C (poliinsaturado)

Son los que forman mayoritariamente el aceite de oliva, de girasol, de cacahuete y otros aceites.

Utilizaciones generales (ácidos grasos saturados e insaturados):
- **En industria alimentaria:** Como materias primas para fabricar emulsionantes.
- **En restauración:** No tenemos constancia.

Acidulante

¿Qué es? Producto que incrementa la acidez de un alimento y le confiere un gusto ácido.

Informaciones adicionales:
El efecto de aumentar la acidez en el producto ofrece las condiciones favorables para la actuación de algunos antioxidantes, que entre otras repercusiones impiden la pérdida de color de frutas y verduras.

Ejemplos de acidulantes: Ácido cítrico, málico, acético, láctico, etc. Productos en los que hay presencia de estos componentes: zumo de limón, vinagre, etc.

Acidulantes utilizados en industria alimentaria y su uso: Ácido cítrico, ácido acético, ácido tartárico, etc. Efecto conservante y gustativo en verdura, salsas, mermeladas, sorbetes, helados, bebidas refrescantes, marinadas y, en general, preparados ácidos.
Acidulantes utilizados en cocina y su uso: Vinagre, zumo de limón, etc. Para vinagretas, salsas, etc.

Actividad de agua (AW)

¿Qué es? Agua disponible en un producto alimentario.

Informaciones adicionales:
- El agua que contienen los alimentos está, en parte, fuertemente «ligada» (combinada o formando parte de estructuras como cristales, capilares, proteínas...) y, en parte, disponible o «libre» (AW). Sólo en esta última pueden vivir los microbios. A mayor cantidad de agua libre, más posibilidad de contaminación microbiana. La actividad de agua se mide en %.
- A pesar de ello, también es necesaria para permitir las variadas reacciones químicas que tienen lugar en los alimentos, algunas positivas (maduración de quesos, de embutidos curados...) y otras negativas (oxidación de las grasas).
- Si conocemos la AW de un alimento podemos prever si por trituración dará un jugo más o menos viscoso. Por ejemplo, nos dará información acerca de si podemos preparar un jugo directamente triturando una fruta o bien si deberemos añadir agua.

Aditivo (Alimentario)

¿Qué es? Sustancia sin poder nutritivo por sí misma, que se añade intencionadamente a un producto o elaboración alimentaria para asegurar su conservación, facilitar o mejorar su proceso de elaboración o modificar sus características físicas u organolépticas.

Informaciones adicionales:
- En la Unión Europea se asigna a los aditivos una nomenclatura con una E seguida de tres números.
- Los aditivos pueden ser naturales o artificiales. En este sentido, la nomenclatura E no aclara su naturaleza.
- Se clasifican dentro de los productos alimentarios intermedios.
- Han sido muy utilizados en la industria alimentaria y poco en las cocinas, a causa de que arrastran una cierta mala reputación.
- Todos los países del mundo tienen listas de aditivos autorizados. En la Unión Europea se han catalogado 365, y la industria utiliza de forma mayoritaria unos 125.
- Están «matriculados» con la letra E (de Europa) y un número de tres o cuatro cifras. Aunque al ver el E-1420 en una etiqueta, parezca que haya más de 365, ello se debe al hecho que en la lista hay muchos espacios en blanco para separar mejor las distintas funciones.
- Entre estas funciones destacan: conservante, antioxidante, espesante, emulsionante, colorante, etc.
- El uso de aditivos es uno de los puntos clave en el diálogo entre ciencia, alimentación y gastronomía, y ha contribuido a la evolución del mundo de las texturas.

Aerosol

¿Qué es? Mezcla constituida por un sólido o líquido que está incluido en un gas.

Informaciones adicionales:
Por ejemplo, el humo que se produce al quemar leña cuando se realiza una cocción a la brasa contiene componentes sólidos que son arrastrados por el aire e impactan en el alimento. Ello otorga unas características determinadas a dicha cocción.

Tipos de aerosol:
- **Aerosol líquido** (W/G), «Agua en gas». La W indica el agua o el líquido y la G, el gas. Ejemplo: niebla, en la que el aire es el dispersor de las gotitas de agua.
- **Aerosol sólido** (S/G), «Sólido en gas». La S indica el sólido y la G, el gas. Ejemplo: humo, en el que el aire es el dispersor de las partículas de carbón o de cenizas. Los ahumados son un ejemplo de aplicación en cocina de los aerosoles sólidos en gas.

Se ha utilizado el nombre de aerosol para denominar al aparato que genera este tipo de dispersión, muy empleado en perfumes, insecticidas, etc. En alimentación se usa para dispersar aromas o también como propulsor de aditivos alimentarios y alimentos.

¿**Qué es?** Aditivo, hidrato de carbono tipo fibra que se utiliza como gelificante. Por sus propiedades es un hidrocoloide.

¿**De dónde proviene?** / ¿**Cómo se obtiene?** Se extrae de algas rojas tipo *Gelidium* y *Gracilaria*, mediante tratamiento fisicoquímico.

Presentación: Producto en polvo o en filamentos (alga deshidratada).

Informaciones adicionales:

* Forma geles termorreversibles. *Véase* Termorreversibilidad.

Utilizaciones generales:

* **En industria alimentaria:** Repostería, conservas vegetales (confituras, jaleas, mermeladas, etc.), derivados cárnicos, helados, requesón, coberturas de conservas y semiconservas de pescado, sopas, salsas, mazapanes, preparados a base de frutas para untar, etc.
* **En restauración:** Gelatinas. En 1998 se comienza a aplicar para obtener gelatinas calientes.
* **Otras utilizaciones:** En el mundo científico se utiliza como soporte en cultivos de microorganismos.

Dosificación y modo de empleo:

* **Dosificación máxima tolerada:** QS, excepto en mermeladas o derivados industriales en los que se especifica un máximo de 10 g/kg (separadamente o en conjunto). Ello significa que el agar se puede mezclar con otros hidrocoloides y la suma de todos ellos no puede superar los 10 g/kg.
* **Dosificación básica en cocina:** 0,2-1,5 %, es decir, 0,2-1,5 g por cada 100 g del líquido a gelificar (2-15 g por kg).
* **Modo de empleo:** Se mezcla y se calienta hasta 80 °C (por comodidad se puede hacer hasta arrancar el hervor). Inicia la gelificación entre 50-60 °C y una vez está gelificado se puede servir caliente. El gel resiste hasta 80 °C. Si se busca un gel un poco más consistente, es preciso aumentar la dosificación, y al revés si interesa más fluido.

Euchema cottoni

Fucus serratus

Ascophyllum nodosum

Chondrus crispus

Lamidaria digita

Gigartina radula

Algas

Desde hace muchos siglos las algas forman parte de la alimentación humana, tanto para su consumo como para obtener productos derivados. Entre los tipos más comunes debemos distinguir a los que se utilizan en restauración (y también en las cocinas domésticas) de los que emplea la industria alimentaria para la obtención de gelificantes, espesantes y estabilizantes. Algunas de estas algas, como el agar-agar o los carragenatos, se utilizan básicamente en la industria de transformación para obtener productos aditivos (el agar-agar o los carragenatos kappa, iota y lambda), pero en algunas zonas del mundo se usan asimismo para su consumo directo.

Tipos más comunes de algas para el consumo directo

Algas pardas o feofíceas
- Nori (tipo: *Porphyra*)
- Wakame (tipo: *Undaria*)
- Kombu (tipo: *Lamidaria*)
- Otros: Hiziki, arame, alaria, etc.

Algas rojas o rodofíceas
- Dulse (tipo de alga: *Palmaria*)
- Agar-agar (tipo de alga: *Gelidium*)
- Carragheen, llamada impropiamente musgo irlandés (tipo: *Chondrus*)

Algas azules o cianofíceas (microalgas)
- Espirulina (tipo: *Spirulina*)
- Judía de mar (tipo: *Himanthalia*)

Algas verdes o clorofíceas
- Tipo: *Caulerpa*
- Lechuga de mar (tipo: *Ulva*)

Tipos más comunes de algas para la obtención de productos aditivos

Algas pardas o feofíceas
- Extracción de alginatos: Algas que contienen algina o alginato (*Ascophyllum nodosum, Lamidaria dígita, Fucus serratus, Macrocystis pyrífera, etc.*).

Algas rojas o rodofíceas
- Extracción de agar-agar. Tipo *Gelidium*, sobre todo *Gelidium sesquigedole*
- Extracción de los carragenatos kappa, iota y lambda. Tipo: *Chondrus crispus, Gigartina radula, Euchema cottoni*, etc.
- Extracción de los carragenatos del tipo furcelarato. Tipo: *Furcelaria fastigiata*.

Agente de carga

¿Qué es? Elemento que aporta volumen o peso a una elaboración.

Informaciones adicionales:
- También llamado soporte.
- Si se quiere simular el mismo efecto de volumen del azúcar (sacarosa) utilizando aspartame (200 veces más dulce que el azúcar), de forma que una cucharada de éste tenga el mismo volumen que una de azúcar, es preciso añadir un producto que complete el volumen, por ejemplo maltodextrina.

Utilizaciones generales:
En industria alimentaria: Para aumentar el volumen en edulcorantes, industria cárnica, bollería, etc.
En restauración: No tenemos constancia.

Agente de recubrimiento

¿Qué es? Producto que cuando se aplica a la superficie exterior de un alimento le confiere un aspecto brillante o lo reviste de una capa protectora.

Informaciones adicionales:
Los agentes de recubrimiento por excelencia son las ceras, por ejemplo, cera de abejas, blanca y amarilla (E-901), cera de carnauba (E-903), etc.

Utilizaciones generales:
En industria alimentaria: Cera de los quesos, brillos de pastelería, cobertura de chicles, etc.
En restauración: Recubrimientos de oro, plata, etc.

Agitador magnético

¿Qué es? Aparato que permite remover regular y constantemente un líquido. Permite tener un control total sobre la duración y la velocidad de agitación del líquido.
¿Cómo funciona? Se coloca un imán pequeño en el recipiente con el líquido a remover y, a causa de las fuerzas magnéticas generadas por otro imán giratorio situado en el interior del aparato, el imán del líquido va girando y al mismo tiempo también hace girar el líquido del recipiente.

Informaciones adicionales:
Existe una variante en la que el producto líquido, además, se puede calentar, llamada agitador térmico magnético.

Utilizaciones generales:
- **En industria alimentaria:** En procesos de investigación y control de calidad.
- **En restauración:** En experimentación.

Agrio

¿Qué es? Matiz gustativo asociado a yogures, vinagres, etc. Es debido a fermentaciones producidas durante mucho tiempo.

Agua

¿Qué es?
- **Científicamente:** Compuesto químico de fórmula H_2O, que indica que está formada por hidrógeno y oxígeno. Forma parte de casi todos los alimentos, exceptuando los aceites, las sales y los azúcares. Ejemplos: una chuleta de cordero 60,6 %, un huevo de gallina del 70 al 75 %, una pera el 84,7 %.
- **Por uso:** Producto de consumo muy utilizado en diferentes elaboraciones. En realidad, el agua que consumimos es una mezcla muy diluida de agua (H_2O) y sales minerales. Se suele denominar agua mineral a la que se envasa directamente del manantial, sin contacto con el aire.

Representación de la molécula de agua.

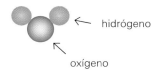

← hidrógeno

oxígeno

Presencia de agua en algunos productos	
Producto	Porcentaje
Leches	85-90
Huevos de gallina	70-75
Aceites	Prácticamente nula
Pescados	70-80
Carnes	65-75
Cereales, harinas, almidones	10-15
Frutas carnosas	70-90
Frutos secos	5-6
Verduras	80-95

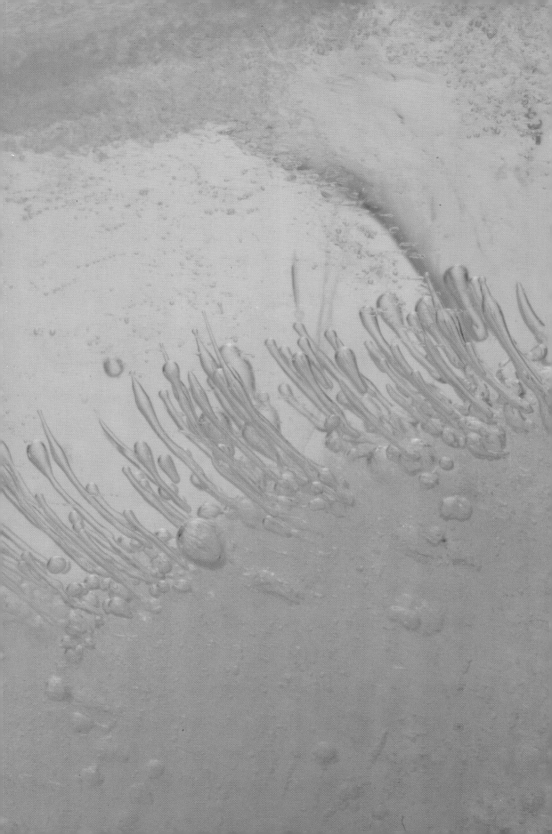

¿Qué es? Aparato, generalmente de cobre, utilizado para destilar alcoholes. Se puede emplear para realizar cualquier tipo de separación por evaporación-refrigeración.

¿Cómo funciona? Tras prensar frutas u otros productos y dejar fermentar sus jugos, éstos se introducen en el alambique, que gracias a la aplicación de calor separa de éstos una disolución acuosa que contiene una concentración elevada de alcohol etílico.

Informaciones adicionales:
- El producto calentado se evapora, y el componente volátil, al pasar por un serpentín (refrigerante), se condensa y se recoge en un recipiente. El líquido obtenido es muy rico en alcohol etílico y contiene esencias de la fruta.
- Este aparato ha sido el procedimiento clásico para la obtención de aguardientes

Utilizaciones generales:
- **En industria alimentaria:** Bebidas destiladas.
- **En restauración:** No tenemos constancia.

Albúminas

composición de los alimentos – proteínas

¿Qué son? Proteínas complejas de tipo globular, que forman parte de determinados alimentos: Clara de huevo (ovoalbúmina), leche (lactoalbúmina), sangre (albúmina sérica), etc. Se puede utilizar como gelificantes y emulsionantes.

¿De dónde provienen? / ¿Cómo se obtienen? Separación de componentes de un alimento (huevos, leche, sangre, etc.).

Presentación: Producto en polvo (ovoalbúmina, lactoalbúmina, seroalbúmina) o congelado (ovoalbúmina).

Informaciones adicionales: Son solubles en agua y coagulan por efecto del calor, ácidos, enzimas, etc. También se pueden encontrar en los músculos y otras sustancias animales, así como en muchos tejidos vegetales. Son capaces de arrastrar partículas en suspensión, y por ello se utilizan para clarificaciones.

Utilizaciones generales:
- **En industria alimentaria:** Clarificación de vinos, jugos y zumos, jarabes, etcétera.
- **En restauración:** La albúmina de clara de huevo se usa en la clarificación de caldos. Sus propiedades emulsionantes y gelificantes se utilizan en cocina (merengues, etc.). Se produce el cuajo entre 70 y 90 °C o mediante ácidos.

Álcali

¿Qué es? Producto de propiedades químicas opuestas a las de un ácido. Posee una organoléptica determinada (jabonosa), a causa de su tendencia a captar iones hidrógeno. Tiene un pH por encima de 7 hasta 14. También recibe el nombre de base.

Informaciones adicionales:
Se utilizan para disminuir la acidez de algunos alimentos (neutralizadores de ácidos). Ejemplos: bicarbonato de sodio, citrato de sodio, etc. Hay muy pocos alimentos que sean ligeramente alcalinos, por ejemplo los huevos y la leche.

Ejemplos: Hidróxido de sodio (sosa cáustica, E-524), amoníaco (E-527), bicarbonato de sodio (E-500), carbonato de sodio (sosa Solvay, E-500i), citrato de sodio (E-331), etc.

Utilizaciones generales:
- **En industria alimentaria:** Tratamiento de aceitunas con sosa cáustica (0,25-2 %) para eliminar el gusto amargo y, además, producir un color oscuro. Sumergir panes y pasteles en sosa cáustica (1,25 %) y a 85-90 °C para producir el color amarronado en la superficie. Bicarbonato de sodio en la fabricación de chocolate para producir la reacción de Maillard y, por lo tanto, un gusto amargo y un color oscuro, etc.
- **En restauración:** El citrato de sodio se utiliza para disminuir la acidez en productos ácidos y posibilitar acciones gelificantes o espesantes, por ejemplo en procesos de sferificación. *Véase* Alginato sódico.

Alcaloides

¿Qué son? Productos orgánicos contenidos en algunos vegetales, muchos de ellos con propiedades estimulantes.

Ejemplos: La nicotina presente en el tabaco, la morfina presente en el opio, la cocaína presente en la planta de coca. En alimentación: la caconina o la solanina presentes en las patatas, la cafeína presente en el café y el té.

Informaciones adicionales:
- En general tienen gusto amargo, y una vez extraídos del vegetal, son sólidos e incoloros.
- Los alcaloides causan diferentes efectos sobre el organismo, que algunas veces pueden ser nocivos. En la industria alimentaria sólo se aplica directamente la cafeína. *Véase* Cafeína.

Alcohol etílico

¿Qué es? Producto orgánico del grupo de los alcoholes. También se denomina etanol, sobre todo en el ámbito científico.

¿De dónde proviene? / ¿Cómo se obtiene? Se obtiene por destilación a partir de la fermentación de azúcares.

Presentación: Producto líquido.

Informaciones adicionales:

- El contenido de alcohol etílico (etanol) de las bebidas se expresa en grados (grados europeos), que significan el porcentaje de alcohol en el volumen de líquido. Ejemplo, un vino de 12 % vol contiene 12 ml de alcohol por cada 100 ml de bebida. La escala estadounidense emplea grados Proof, que equivalen a la mitad de los europeos. Ejemplo: una bebida de 50° Proof equivale a 25° europeos.

Utilizaciones generales:

- **En industria alimentaria:** Bebidas alcohólicas.
- **En restauración:** Presente en bebidas alcohólicas, que se emplean para elaborar sorbetes, gelatinas, civets y otros guisos, etc. También se aprovechan sus propiedades anticongelantes.

Alcoholes

¿Qué son?

- **Científicamente:** Productos formados por cadenas de carbonos en las que el elemento característico es el grupo hidróxilo (parte de una molécula orgánica formada por un oxígeno y un hidrógeno).
- **Gastronómicamente:** Nombre asociado a ciertos aguardientes.

Informaciones adicionales:

- En el mundo alimentario, pertenecen a este grupo:
  - Alcohol etílico o etanol, denominado comúnmente «alcohol».
  - Grupo de los polioles (edulcorantes calóricos).
  - Glicerina, que se combina con los ácidos grasos dando glicéridos, constituyentes, por su parte, de los lípidos.
- Fuera del mundo alimentario destaca el alcohol metílico o alcohol de quemar, que al ser más barato que el etílico, se ha utilizado fraudulentamente para preparar bebidas alcohólicas.

¿Qué es? Utensilio que determina el grado de alcohol de un líquido.

¿Cómo funciona? Existen diferentes tipos. El más empleado es la adaptación de un densímetro: se introduce dentro del líquido y, en función de la cantidad de alcohol que éste contiene, se sumerge hasta una altura en concreto que indica directamente el grado de alcohol (en % en volumen).

Utilizaciones generales:
En industria alimentaria: En la industria de los vinos, destilados, etc.
En restauración: En experimentación.

¿Qué son? Sales orgánicas derivadas de hidratos de carbono tipo fibra utilizados como gelificantes, espesantes y estabilizantes. Por sus propiedades son hidrocoloides.

¿De dónde provienen? / ¿Cómo se obtienen? Se extraen de algas pardas (*Macrocystis, Fucus, Laminaria ascophillum,* etc.) que se encuentran en mares y océanos de aguas frías mediante tratamientos fisicoquímicos.

Informaciones adicionales:
El nombre deriva de «alga». De las aproximadamente 30.000 especies que forman este grupo de plantas generalmente acuáticas, sólo se aplican en la alimentación humana unas 50.

Alginatos más comunes: Sódico, potásico, cálcico, de amonio y de propilenglicol. La industria alimentaria utiliza sobre todo el alginato sódico (E-401) y el alginato de propilenglicol (E-405), este último como regulador de espuma, por ejemplo en algunas cervezas. *Véase* Alginato sódico.

Alginato sódico (E-401)

aditivos – gelificantes
aditivos - espesantes
aditivos - estabilizantes

¿Qué es? Sal orgánica derivada de hidratos de carbono tipo fibra, utilizada como aditivo gelificante, espesante y estabilizante. Por sus propiedades es un hidrocoloide.

¿De dónde proviene? / ¿Cómo se obtiene? Se extrae mediante tratamiento de algas pardas (*Macrocystis, Fucus, Laminaria ascophillum*) que se encuentran en mares y océanos de aguas frías.

Presentación: Producto en polvo.

Informaciones adicionales:

- Para gelificar, el alginato sódico necesita reaccionar con sales de calcio.
- El gel formado es termoirreversible, es decir, que no se vuelve a licuar con calor, a diferencia de los geles de carragenatos o de gelatina de cola de pescado entre otros.

Utilizaciones generales:

- **En industria alimentaria:** Tiene muchas aplicaciones, sobre todo para los productos reestructurados en los que se parte de un producto barato y nutritivo pero que no tiene mucha aceptación por parte del consumidor, dándole un aspecto nuevo y atractivo. Ejemplos: los derivados de surimi como la «pata de cangrejo», la «gula», etc. Conservas vegetales (confituras, jaleas, mermeladas, etc.), helados, etc.
- **En restauración:** Como gelificante. Su capacidad de gelificar en presencia de sales de calcio ha desarrollado una técnica culinaria de gelificación externa, ideada por el restaurante elBulli (2003), que se conoce con el nombre de «sferificación».

Dosificación y modo de empleo:

- **Dosificación máxima tolerada:** QS, excepto en mermeladas, jaleas y confituras, que es de 10 g/kg.
- **Dosificación básica en cocina:** En sferificación básica se trabaja con proporciones de alginato en el producto de 0,4 a 0,7 % y con baño de cloruro de calcio de 0,5 a 1 %. En sferificación inversa, concentraciones en fase de experimentación.
- **Modo de empleo:** Se mezcla por agitación, no es preciso calentarlo. Si se realiza una agitación fuerte coge aire, que pierde al dejarlo reposar. También se puede preparar la mezcla suavemente y dejando que se hidrate lentamente sin provocar absorción de aire. El calor y la presencia de azúcares facilitan la hidratación.

Imágenes, minuto a minuto, del proceso de gelificación de caviar sférico. En las fotografías, el color rosa violáceo corresponde a la zona líquida, es decir, la que presenta una mayor concentración de alginato sódico. El color naranja claro corresponde a la zona en la que el cloruro cálcico va penetrando y produciendo la sferificación. Al cabo de quince minutos la esfera está completamente gelificada. (Fotografías obtenidas en lupa binocular por Fernando Sapiña y Eduardo Tamayo, de la Universidad de Valencia.)

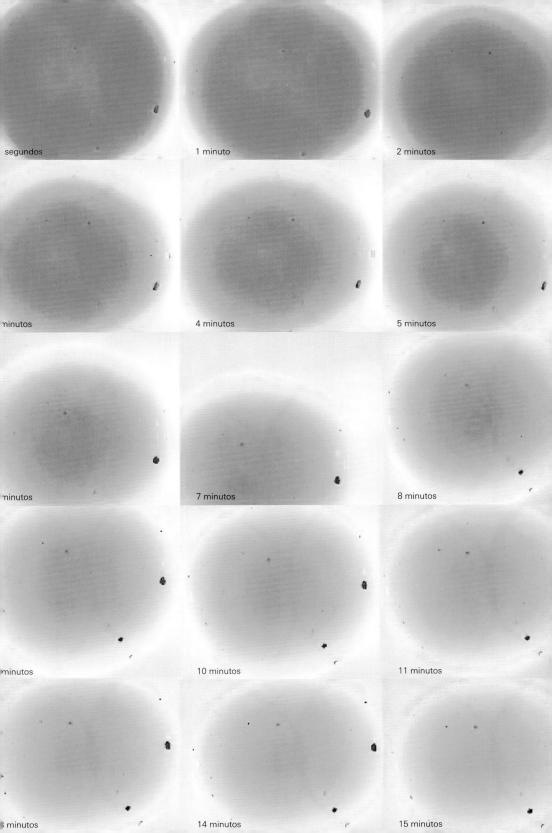

segundos

1 minuto

2 minutos

minutos

4 minutos

5 minutos

minutos

7 minutos

8 minutos

minutos

10 minutos

11 minutos

minutos

14 minutos

15 minutos

Alimentario

¿Qué es? Todo lo relativo o perteneciente a los alimentos. Todo lo propio de la alimentación o que se refiere a ella (productos, procesos, aditivos, envases...).

Alimentos

¿Qué son? Todas las sustancias o productos de cualquier naturaleza, sólidos o líquidos, naturales o transformados, que por sus características, aplicaciones, composición, preparación y estado de conservación sean susceptibles de ser utilizados para la nutrición humana normal.

Informaciones adicionales: Suministran al ser vivo energía, materias primas para formar los tejidos y órganos del cuerpo, así como compuestos químicos reguladores de funciones vitales, como sales minerales y vitaminas.

Pictogramas que representan las familias de alimentos que se utilizan en una cocina. Esta sistematización se ideó en 2001, a raíz de la redacción del libro **elBulli**1998-2002.

aguas

 gases

 pescados

 crustáceos

 moluscos

 otras especies de mar

 menudillos de mar

 algas

 verduras

 frutas y frutos

 setas y trufas

 cereales

 legumbres secas

 semillas

 flores

 germinados

 hierbas frescas aromáticas

 frutos secos

 caza de pelo

 carnes

 caza de pluma

 aves de granja

 menudillos de aves y carnes

 huevos

 foie-gras

 caviar y similares

 cacao y derivados

 fermentos y levaduras

 mantequillas y grasas animales

 quesos, leche y otros lácteos

 aceites y otras grasas vegetales

 harinas, sémolas y féculas

 azúcares

 sales

 vinagres

 estabilizantes y gelatinas

 ahumados

 salazones

 embutidos

 frutas secas y confitadas

 liofilizados y deshidratados

 encurtidos y salmueras

 conservas

 mermeladas y confituras

 panes y otras masas elaboradas

 pasta fresca y pasta seca

 especias y hierbas secas aromáticas

 salsas y condimentos

 licores, alcoholes y otras bebidas

 zumos y refrescos

 vinos

 infusiones y café

 otros

Almidón

¿Qué es? Hidrato de carbono complejo (polisacárido) digerible. Pertenece al grupo de los glucanos y, por lo tanto, está formado sólo por cadenas de glucosa que pueden estar dispuestas en forma lineal (amilosa) o ramificada (amilopectina). Por sus propiedades es un hidrocoloide.

¿De dónde proviene? / ¿Cómo se obtiene? Por extracción a partir de cereales (trigo, maíz, etc.) y tubérculos (patata, tapioca, etc.).

Presentación: Producto en polvo.

Informaciones adicionales:

- Son los polisacáridos que el organismo puede romper y, por lo tanto, digerir a causa de la presencia en el organismo de las enzimas amilasa y glucosidasa en la saliva y el jugo pancreático.
- El almidón es el más importante de los azúcares complejos digeribles, es la reserva energética de los vegetales. Los gránulos de almidón se hinchan (se hidratan) y se rompen en agua a temperaturas de 60-75 °C.
- En algunos países, si el producto procede de los cereales recibe un nombre (por ejemplo, «almidón» en castellano) y si procede de tubérculos, otro («fécula»). Pero es el mismo compuesto.
- Las proporciones de amilosa y amilopectina dependen del alimento y determinan sus propiedades.
- La amilosa hace predominar la formación gelificada y la amilopectina espesa el alimento hacia mayor viscosidad. Por ejemplo, si cocinamos arroz con una proporción de menos del 20 % en lineal (amilosa), resulta pegajoso, sobre todo si se ha cocinado demasiado, ya que se ha roto el almidón (muy apropiado para elaborar sushi).
- La abundancia del ramificado hace muy viscoso el alimento elaborado (produce espesamiento), por ejemplo con tapioca o en un caso más extremo con waxy podemos espesar con poca cantidad de producto.
- Los almidones naturales tienen algunos inconvenientes, por ejemplo forman grumos en disolución. Por ello se han desarrollado almidones modificados. Por ejemplo, el tratamiento con ácidos produce un almidón modificado que tiene una gran utilidad en confitería para la elaboración de caramelos de goma. Los almidones modificados son aditivos. Ejemplo: E-1404, almidón oxidado.

Utilizaciones generales:
- **En industria alimentaria:** Tiene muchas aplicaciones: confitería, productos cárnicos, conservas de salsas, productos lácteos, bollería, etc.
- **En restauración:** Como espesante ya es tradicional la utilización de almidón de maíz, comercialmente llamado «maizena». Actualmente se están introduciendo otros almidones, como los de tapioca, patata, etc.
- **Dosificación y modo de empleo:**
  - **Dosificación máxima tolerada:** QS.
  - **Dosificación básica en cocina:** Del 4 %, es decir, 4 g por cada 100 g del líquido a gelificar (40 g por kg).
- **Modo de empleo:** Dispersión en frío e hidratación en caliente, procurando no excederse, ya que el almidón hidratado se descompone.

Tipos de almidones modificados:
- **Almidones modificados físicamente (sin núm. E).**
  - Pregelatinizados: Ya están hidratados.
  - Térmicos: Han sufrido una modificación a causa del calor, pero que no ha afectado a su estructura química.

- **Almidones modificados químicamente (con núm. E).**
  - Almidón oxidado E-1404.
  - Fosfatos de almidón E-1410, E-1412, E-1413, E-1414.
  - Almidones acetilados E-1420, E-1422.
  - Almidón acetilado y oxidado E-1451.
  - Otros almidones modificados químicamente: E-1440, E-1442, E-1450.

Aluminio (E-173)

¿Qué es? Elemento químico metálico empleado como aditivo colorante de superficie y que da un color plateado.

¿De dónde proviene? / ¿Cómo se obtiene? Por proceso químico a partir de sales de aluminio.

Presentación: Producto en polvo.

Informaciones adicionales:

Además de su uso alimentario como colorante, se utiliza mucho en formato de papel de aluminio (impropiamente denominado papel de plata o papel de estaño).

Utilizaciones generales:
- **En industria alimentaria:** Colorante de superficie en productos de confitería.
- **En restauración:** No tenemos constancia.

Amargo

¿Qué es? Uno de los gustos fundamentales.

Informaciones adicionales:
- En industria alimentaria se considera a la quinina como patrón de amargor.
- Otros productos amargantes: genciana, cafeína y naringina.
- Es un gusto muy rechazado en las primeras etapas de la vida porque se asocia por instinto con sustancias venenosas; sólo la costumbre permite introducirlo en los hábitos alimentarios de las personas.

Amilasa

¿Qué es? Enzima que posibilita determinadas rupturas de las cadenas de amilosa del almidón.

Informaciones adicionales:
- Presente en el jugo pancreático y en la saliva, que rompen las cadenas de amilosa del almidón (despolimerización). La ruptura provoca que se formen hidratos de carbono tipo azúcar, por ejemplo la glucosa. Por esta razón, las harinas que se mantienen un tiempo en la boca, al actuar la amilasa de la saliva acaban teniendo un gusto dulce. No obstante, esta ruptura no es completa hacia glucosa y quedan fragmentos de almidón que ya no se rompen, denominados dextrinas.
- La amilopectina también es atacada por la amilasa, pero no puede romper las ramificaciones, se necesita la intervención de otra enzima: la glucosidasa.
- Se pueden utilizar estas enzimas para obtener cadenas de glucosa con poder edulcorante que dependerá del tipo de ruptura.

Amilopectina

¿Qué es? Componente del almidón, del que representa el 75 %, aproximadamente, según el tipo de almidón. Son agrupaciones derivadas de la glucosa en forma de cadenas ramificadas.

Informaciones adicionales:
Una de las fuentes de hidratos de carbono presentes en el almidón. Su estructura ramificada determina las propiedades espesantes del almidón.

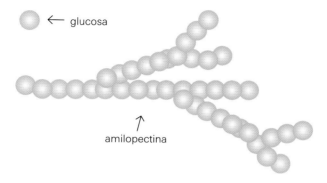

← glucosa

↑
amilopectina

Amilosa

¿Qué es? Componente del almidón, del que representa el 25 % aproximadamente, según el tipo de almidón. Son agrupaciones derivadas de la glucosa en forma de cadenas lineales.

Informaciones adicionales:
Una de las fuentes de hidratos de carbono presentes en el almidón. Su estructura lineal determina las propiedades gelificantes del almidón.

← glucosa

← amilosa

Aminoácido

¿Qué es? Cada uno de los productos bioquímicos simples con nitrógeno y un grupo ácido.

¿De dónde proviene? / ¿Cómo se obtiene? Mediante tratamiento fisicoquímico de descomposición de las proteínas.

Presentación: Producto en polvo.

Informaciones adicionales:

- Productos de estructura sencilla. La presencia de nitrógeno los distingue de otros componentes de la materia biológica (hidratos de carbono, lípidos, etc.).
- En la naturaleza hay 20 aminoácidos, de los que 8 son esenciales; es decir, la única manera de aportarlos al organismo es a través de la alimentación (valina, leucina, isoleucina, treonina, metionina, lisina, fenilalanina y triptófano). Los demás los puede fabricar el organismo.
- Los 20 aminoácidos básicos que forman las proteínas son los siguientes:

Nombre	Símbolo
Alanina	Ala (A)
Arginina	Arg (R)
Asparagina	Asn (N)
Ácido aspártico	Asp (D)
Cisteína	Cys (C)
Glutamina	Gln (Q)
Ácido glutámico	Glu (E)
Glicina o glicocola	Gly (G)
Histidina	His (H)
Isoleucina	Ile (I)
Leucina	Leu (L)
Lisina	Lys (K)
Metionina	Met (M)
Fenilalanina	Phe (F)
Prolina	Pro (P)
Serina	Ser (S)
Treonina	Thr (T)
Triptófano	Trp (W)
Tirosina	Tyr (Y)
Valina	Val (V)

Algunas fuentes incluyen la hidroxilisina y la hidroxiprolina, con lo que la lista de aminoácidos asciende a 22.

Ejemplos de porcentajes de aminoácidos en las proteínas (g por 100 g de proteínas totales) en algunos alimentos. Evidentemente, es preciso tener presente el porcentaje total de proteínas de un alimento para poder hacer una comparativa.

	Ternera	Huevos	Leche de vaca	Guisantes	Bacalao
Proteínas	20,3 %	12,5 %	3,2 %	5,8 %	17,4 %
Ile	4,9 %	5,6 %	4,9 %	4,7 %	5,2 %
Leu	7,6 %	8,3 %	9,1 %	7,5 %	8,3 %
Lys	8,7 %	6,3 %	7,4 %	8,0 %	9,6 %
Met	2,6 %	3,2 %	2,6 %	1,0 %	2,8 %
Cys	1,2 %	1,8 %	0,8 %	1,2 %	1,1 %
Phe	4,3 %	5,1 %	4,9 %	5,0 %	4,0 %
Tyr	3,7 %	4,0 %	4,1 %	3,0 %	3,4 %
Thr	4,5 %	5,1 %	4,4 %	4,3 %	4,7 %
Trp	1,2 %	1,8 %	1,3 %	1,0 %	1,1 %
Val	5,1 %	7,6 %	6,6 %	5,0 %	5,6 %
Arg	6,4 %	6,1 %	3,6 %	1,0 %	6,2 %
His	3,5 %	2,4 %	2,7 %	2,4 %	2,8 %
Ala	6,1 %	5,4 %	3,6 %	4,5 %	6,7 %
Asp+Asn	9,1 %	10,7 %	7,7 %	11,9 %	10,2 %
Glu+Gln	16,5 %	12,0 %	20,6 %	17,3 %	14,8 %
Gly	5,6 %	3,0 %	2,0 %	4,3 %	4,6 %
Pro	4,9 %	3,8 %	8,5 %	4,1 %	4,0 %
Ser	4,3 %	7,9 %	5,2 %	4,7 %	4,8 %

Utilizaciones generales:
- **En industria alimentaria:** Complemento de alimentos, espumante, acondicionadores de harina (cisteína).
- **En restauración:** No tenemos constancia.

Antiaglomerante

¿Qué es? Producto que reduce la tendencia a adherirse de los productos en polvo y de los que formarían grumos e incluso masas duras con el tiempo y en ambiente húmedo.

Informaciones adicionales:
- Uno de los más aplicados en industria alimentaria es el óxido de silicio (E-551).
- En los saleros se introducían unos granitos de arroz juntamente con la sal, a fin de evitar que se apelmazara; actualmente, la sal ya se trata con un antiaglomerante.

Utilizaciones generales:
En industria alimentaria: Productos en polvo (harinas, almidones, azúcares, sales, etc.).
En restauración: No tenemos constancia.

Antiespumante

¿Qué es? Producto que impide o reduce la formación de espuma.

Informaciones adicionales:
- Ejemplo: dimetilpolisiloxano E-514.
- Algunos emulsionantes en pequeña dosificación producen efectos antiespumantes, por ejemplo los monoglicéridos y diglicéridos (E-471).

Utilizaciones generales:
En industria alimentaria: Jugos, zumos, cervezas, etc.
En restauración: No tenemos constancia.

¿Qué es? Producto que evita la oxidación de los alimentos que son propensos.

Informaciones adicionales:
- Ningún antioxidante puede detener una oxidación ya declarada; su papel es preventivo.
- En cocina, son ejemplos de oxidaciones el enranciamiento de las grasas, los cambios de color de algunas verduras y frutas, etc. Se pueden evitar con estos productos. Tradicionalmente se han empleado recursos como el zumo de limón o el perejil, entre otros.

Antioxidantes más frecuentes:
- En la naturaleza se han identificado muchos antioxidantes; algunos de ellos (tocoferoles o vitamina E) ya se emplean como aditivos (E-306-309); otros, como los extractos de romero, salvia o clavo de olor, son caros y tienen el inconveniente que los acompaña el sabor propio de la planta de origen, y por ello sus aplicaciones son limitadas.
- Como aditivos antioxidantes, los más importantes son los tocoferoles, ya citados, dos productos artificiales (butilhidroxianisol BHA E-320 y butilhidroxitoluol BHT E-321) y los galatos (E-310-312), que son taninos de roble y que tienen el particular inconveniente de teñir el alimento de color azul si éste contiene hierro (la tinta azul de antaño era galato de hierro).
- La vitamina C (ácido ascórbico) también se considera antioxidante y es muy utilizada como tal, aunque su acción no es la misma: no inactiva el producto, sino que «secuestra» el oxígeno.

Utilizaciones generales:
- **En industria alimentaria:** Conservas enlatadas y embotelladas, productos lácteos, grasas y aceites a fin de evitar el enranciamiento. También en la industria cárnica para evitar la oxidación de las grasas.
- **En restauración:** Aplicaciones del ácido ascórbico para evitar el oscurecimiento de frutas y verduras.

Antocianos

¿Qué son? Productos de origen vegetal (tipo flavonoides), responsables de los colores rojos, púrpuras y azules de algunos alimentos.
¿De dónde provienen? / ¿Cómo se obtienen? Extracción de vegetales.
Presentación: Generalmente en forma líquida.

Informaciones adicionales:

- Dan gusto astringente.
- Entre los alimentos que contienen antocianos destacan: uva tinta, col lombarda, remolacha, cebolla roja, frutas del bosque, etc.
- Para conservar su color característico, estas verduras se deben cocer en medios ligeramente ácidos, añadiendo un poco de vinagre, zumo de limón, etc. Es preciso evitar la cocción de las verduras que lleven antocianinas en recipientes de hierro o de aluminio sin cerámica protectora, ya que los ácidos reaccionan con el aluminio y con el hierro y también alterarían el color de las verduras.
- Estos pigmentos son muy solubles en agua y muy sensibles a las variaciones de acidez. También tienen poder antioxidante.

Utilizaciones generales:

- **En industria alimentaria:** Como colorantes naturales.
- **En restauración:** No tenemos constancia.

Antoxantinas

¿Qué son? Pigmentos de color blanco crema o anaranjado responsables del color de verduras como la coliflor, la cebolla, etc.

Informaciones adicionales:

- Decoloran hacia amarillo marrón en contacto con el hierro y el aluminio, lo cual se debe tener en cuenta con las cacerolas sin cerámica protectora.
- Dan un matiz astringente, como los antocianos.

Arábiga (Goma) (E-414)

aditivos - espesantes
aditivos - estabilizantes
aditivos – emulsionantes

¿Qué es? Hidrato de carbono tipo fibra utilizado como espesante, emulsionante y estabilizante. Por sus propiedades es un hidrocoloide.

¿De dónde proviene? / ¿Cómo se obtiene? Procede del árbol *Acacia senegal*, y se obtiene por exudación (practicando una incisión en el tronco del árbol) y posterior tratamiento fisicoquímico.

Presentación: Producto en polvo.

Informaciones adicionales:
- Se conoce desde hace al menos 4.000 años.
- Su fuerza espesante es muy inferior a la de otras gomas, pero en cambio muestra una propiedad emulsionante, lo cual permite incorporar aceites esenciales (limón, naranja...) a refrescos.
- También se utiliza como fibra soluble en sopas y salsas.
- Se denomina asimismo goma acacia o goma senegal.

Utilizaciones generales:
- **En industria alimentaria:** Sopas, salsas, clarificador de vino, bebidas, mazapán, encapsulado de aromas, recubrimiento de cacao y chocolate, cerveza, aportación de fibra soluble, etc.
- **En restauración:** En experimentación.

Argón (E-938)

aditivos - gases

¿Qué es? Gas inerte de la familia del helio.

Informaciones adicionales:
Se utiliza de manera muy limitada en la industria alimentaria (atmósferas protectoras).

Aroma

percepciones organolépticas

¿Qué es? Percepción recibida por el olfato por vía retronasal, al captar sustancias volátiles que proporcionan un determinado olor que estimula el olfato.

Artificiales (Productos)
conceptos científicos

¿Qué son? Productos que no existen en la naturaleza.

Informaciones adicionales:
Todos los productos artificiales se obtienen por síntesis, y por lo tanto son sintéticos. *Véase* Sintéticos (Productos).

Clasificación:
a) Productos artificiales obtenidos a partir de productos naturales
Ejemplo: La neohesperidina DC. Edulcorante unas 600 veces más dulce que el azúcar común (sacarosa) y que se obtiene:

naranja amarga + modificación química = neohesperidina

b) Productos artificiales obtenidos a partir de otros productos artificiales
Ejemplo: La sacarina es un edulcorante entre 400 y 1.000 veces más dulce que la sacarosa y que se obtiene:

producto sintético + reacciones químicas = sacarina (Ácido toluensulfónico)

Ascórbico (Ácido) (E-300)
composición de los alimentos - ácidos
aditivos - antioxidantes

¿Qué es? Ácido orgánico utilizado como aditivo antioxidante y aporte vitamínico.
¿De dónde proviene? / ¿Cómo se obtiene? De la fruta (cítricos, kiwi, etc.), verdura (pimiento rojo, etc.), hierbas (perejil, etc.). Se extrae con tratamiento fisicoquímico de algunos de estos productos.
Presentación: Producto cristalizado.

Informaciones adicionales:
Nombre científico de la vitamina C. También utilizado para posibilitar la absorción de hierro de algunos alimentos, por ejemplo lentejas.

Tipos o derivados: Ascorbatos, ésteres, palmitatos y estearatos (E-301, E-302 y E-304).

Utilizaciones generales:
- **En industria alimentaria:** Conservas enlatadas, aceites y grasas, leche y nata, pan, bebidas (cervezas), industria cárnica y del pescado (carne picada, foie gras, pescado, crustáceos y moluscos). Productos vegetales elaborados. Confituras extra y jaleas y preparados a base de fruta para untar, incluidos los de valor energético reducido, jugos y zumos, etc.
- **En restauración:** Como antioxidante de verduras, frutas, zumos y jugos en general, etc.

Dosificación y modo de empleo:
- **Dosificación máxima tolerada:** QS.
- **Dosificación básica en cocina:** Igual o inferior a 0,5 %.
- **Modo de empleo:** Para productos sólidos se prepara un baño de agua al 0,5 % (5 g por kg) y se sumergen los productos. En productos líquidos, se añade directamente el ácido ascórbico, en proporción del 0,3 % (3 g por kg).

Bacterias

¿Qué son? Tipo de microorganismos formados por una sola célula (unicelulares).
¿De dónde provienen? / ¿Cómo se obtienen? Cultivos en laboratorio.
Presentación: Polvo liofilizado.

Informaciones adicionales:
- Presentes en una enorme diversidad de medios y ambientes.
- Algunas son perjudiciales: provocan enfermedades (tuberculosis, difteria) o se encuentran en el origen de las toxiinfecciones alimentarias (TIA) más frecuentes (salmonelas). Es preciso tener un cuidado especial con el *Clostridium botulinum*, que genera la toxina botulínica causante de las intoxicaciones alimentarias más graves, aunque poco frecuentes.
- Otras, sin embargo, resultan beneficiosas, y algunos alimentos tradicionales son el resultado de su acción.

Utilizaciones generales:
- **En industria alimentaria:** Iniciadores (*starters*) de fermentaciones controladas (por ejemplo, quesos).
- **En restauración:** No tenemos constancia.

Véase Microorganismo (o Microbio)

Base
Véase Álcali

Bentonitas

productos minerales

¿Qué son? Arcillas muy absorbentes que se utilizan como clarificantes, sobre todo en el vino.
¿De dónde provienen? / ¿Cómo se obtienen? Por tratamiento fisicoquímico.
Presentación: Producto en polvo.

Informaciones adicionales:
- Se utilizan incorporadas en mezclas líquidas.
- Son capaces de retener los productos que producen turbiedad y, posteriormente, separarlos y propiciar un producto clarificado. Esta aplicación ha favorecido que se utilicen mucho en la industria del vino.

Utilizaciones generales:
- **En industria alimentaria:** Clarificación de vinos.
- **En restauración:** No tenemos constancia.

Bicarbonato de sodio (E-500)

productos minerales
aditivos – reguladores de la acidez

¿Qué es? Producto alcalino que se utiliza como aditivo alimentario. Es el principal componente de la levadura química.
¿De dónde proviene? / ¿Cómo se obtiene? De las rocas calcáreas mediante un proceso químico.
Presentación: Producto en polvo.

Informaciones adicionales:
- También llamado hidrogenocarbonato de sodio.
- Es un controlador de la acidez y neutralizador de ácidos. Su uso como levadura química proviene del hecho que durante la cocción se descompone y libera dióxido de carbono gas.
- Es preciso tener presente que el bicarbonato en disolución da un pH alcalino que produce una cierta degradación de la textura de las verduras y la organoléptica que queda en las mismas puede variar. Se puede intentar neutralizar al final con algún ácido. Evita la degradación de la clorofila.
- Por el hecho de contener sodio, puede incrementar el gusto salado de los alimentos.

Utilizaciones generales:
- **En industria alimentaria:** Regulador de la acidez de algunos preparados. Levadura química en pastelería.
- **En restauración:** Para secuestrar el calcio de las aguas y mejorar la cocción de las legumbres. Evita la pérdida del color verde (clorofila) de la verdura en la cocción, contribuyendo a fijar este componente.

Dosificación y modo de empleo:
- **Dosificación máxima tolerada:** QS.
- **Dosificación básica en cocina:** QS.
- **Modo de empleo:** Añadir directamente o en disolución al alimento o preparación.

Biodegradable
conceptos científicos

¿Qué es? Producto que se descompone con el tiempo, por acción de microorganismos. Todos los productos alimentarios son biodegradables, exceptuando la sal, el agua y algún aditivo.

Biología
conceptos científicos

¿Qué es? Ciencia que estudia todos los fenómenos relacionados con los seres vivos.

Bioquímica
conceptos científicos

¿Qué es? Ciencia que estudia los fenómenos químicos relacionados con los seres vivos.

Biotecnología
conceptos científicos

¿Qué es? Tecnología que utiliza los organismos vivos (células, moléculas, tejidos vivos) para producir fármacos, alimentos u otros productos, o que modifica las características genéticas de una especie o individuo para que sea más resistente a una plaga, más productivo, etc.

Informaciones adicionales:
Como ejemplo de biotecnología tradicional se puede hablar de la producción de pan, cerveza, vino, queso, etc., y como biotecnología moderna, la selección de especies animales y vegetales con el fin de obtener alimentos transgénicos.

Bloom (Grados)
conceptos alimentarios

¿Qué son? Medida del poder gelificante de un producto. Se mide con un aparato llamado gelómetro Bloom. Se aplica mucho en el caso de las gelatinas de cola de pescado.

Informaciones adicionales:
- La resistencia se determina con una cantidad de gelatina del 12,5 % en agua y representa el peso en gramos que opone un gel a una deformación de 4 mm.
- Podemos encontrar gelatinas con mayor o menor poder, entre 75 y 300 Bloom aproximadamente. A mayor número de Bloom, más fuerte es el gel que produce. La gelatina normalmente utilizada (gelatina de cola de pescado) en forma de hojas de gelatina, es de 220 Bloom.

Brix (Grados)

¿Qué son? Medida de la cantidad de azúcares que hay en un alimento licuado.

Informaciones adicionales:
- Normalmente se expresa en % y equivale a los gramos de azúcares que hay en 100 g del producto.
- También se utiliza en productos que no se pueden definir como licuados. Por ejemplo, en la glucosa comercial (jarabe de glucosa), los grados Brix están entre el 80 y 90 %.
- Ejemplo de aplicación: Uno de los factores que determina la actuación del gelificante pectina HM es que el alimento a aplicar debe tener un mínimo del 60 % Brix.

Bromelaína
Véase Enzimas

Bronce
Véase Cobre

Butírico (Ácido)

¿Qué es? Ácido normalmente considerado como ácido graso y relacionado con la organoléptica de productos lácteos, sobre todo de quesos.
¿De dónde proviene? / ¿Cómo se obtiene? Extracción a partir del queso.
Presentación: Líquido.

Informaciones adicionales:
- Producto también llamado ácido butanoico.
- Se forma cuando la mantequilla u otros productos lácteos se vuelven rancios.
- Asociado a la organoléptica de algunos quesos.

Utilizaciones generales:
- **En industria alimentaria:** Para dar una organoléptica tipo queso a patatas, rebozados, etc.
- **En restauración:** No tenemos constancia.

Cafeína
composición de los alimentos - alcaloides

¿Qué es? Alcaloide contenido en algunos alimentos (principalmente café o té), que tiene efectos estimulantes.
¿De dónde proviene? / ¿Cómo se obtiene? Se extrae del café o del té.
Presentación: Producto en polvo.

Informaciones adicionales:
- Estimula el sistema nervioso.
- Asociado al gusto amargo.
- En el café se halla en una concentración del 1 al 2 %, dependiendo del tipo.

Utilizaciones generales:
- **En industria alimentaria:** Refrescos de cola y algunas bebidas de las llamadas energéticas.
- **En restauración:** No tenemos constancia.

Cal
productos minerales

¿Que es? Sal mineral, cuyo nombre científico es óxido de calcio.
¿De dónde proviene? / ¿Cómo se obtiene? A partir de rocas calcáreas por calentamiento en hornos especiales.

Informaciones adicionales:
- Es un polvo blanco con un punto de fusión muy elevado (2.580 °C).
- Es muy higroscópica, por lo que se transforma en un álcali fuerte, el hidróxido de calcio.
- Se utiliza para la obtención de productos, entre los que se puede citar el cloruro de calcio.
- En agricultura se emplea para neutralizar suelos ácidos.
- El agua de cal se puede utilizar para facilitar las digestiones, y de hecho se ha empleado en medicina infantil para combatir las diarreas y facilitar la digestión de la leche.

Calcio

¿Qué es? Elemento químico metálico componente de ciertas sales minerales.

Informaciones adicionales:
- Es un componente imprescindible para los organismos vivos, básico en la constitución del organismo, sobre todo de los huesos y los dientes.
- Se ingiere principalmente a través de los alimentos y en pequeña escala a través de las aguas. Entre los que contienen mayor cantidad contamos con: lácteos (leche 0,12 %), frutos secos (almendra 0,25 %) y verduras (espinacas 0,1 %). El queso parmesano, con un 1,275 %, es el alimento que contiene más.

Caloría

¿Qué es?
- **Científicamente:** Unidad de energía. Se define como la energía necesaria para que un gramo de agua aumente su temperatura en un grado centígrado. Actualmente se utiliza más el joule (J), que equivale a 0,24 calorías. Múltiplos de estas unidades son: kcal y kJ (1 kJ = 0,24 kcal).
- **Dietéticamente:** Es el término empleado para describir la energía que aportan los nutrientes, pero en realidad lo que se entiende como calorías son las kilocalorías o grancalorías, que es realmente como se expresa la energía que nos aportan los alimentos cuando los ingerimos.

Informaciones adicionales:
Todo producto alimentario tiene asociada una energía, que se manifiesta cuando se digiere el alimento y que depende de los nutrientes que lo componen:

1 g de hidratos de carbono: 4 kcal
1 g de proteínas: 4 kcal
1 g de lípidos: 9 kcal
1 g de alcohol: 7 kcal

Ejemplo: la leche de vaca tiene 67 kcal o grancalorías por cada 100 g, que equivalen a 280 kJ. Las dietas acalóricas son las que proponen ingestión de alimentos de poco contenido energético. El agua no lleva asociada energía.

Caolín

¿Qué es? Silicato de aluminio hidratado.
¿De dónde proviene? / ¿Cómo se obtiene? Extracción y purificación a partir del producto mineral.
Presentación: En polvo.

Utilizaciones generales:
- **En industria alimentaria:** Como antiapelmazante de productos en polvo.
- **En restauración:** En experimentación.

Caramelo (Aditivo) (E-150)

¿Qué es? Conjunto de compuestos químicos de tipo polímero (moléculas grandes), utilizado como aditivo colorante (color marrón).

¿De dónde proviene? / ¿Cómo se obtiene? Por reacción de caramelización producida calentando azúcares, normalmente en presencia de ácidos o de bases.

Presentación: En líquido o en polvo.

Informaciones adicionales:

Hay de diversos tipos según la forma de elaboración del caramelo.

Utilizaciones generales:

- **En industria alimentaria:** Bebidas (de cola, cerveza, alcohólicas, repostería, caramelos, carnes, helados, yogures, sopas, etc.).
- **En restauración:** No se utiliza directamente como aditivo, se aprovecha el color que proporciona la caramelización del azúcar.

Carbohidratos

Véase Hidratos de carbono

Carboximetilcelulosa (CMC) (E-466)

¿Qué es? Hidrato de carbono tipo fibra, utilizado como aditivo espesante. Por sus propiedades es un hidrocoloide.

¿De dónde proviene? / ¿Cómo se obtiene? Por reacción de adición de grupos carboximetil a la celulosa de las plantas.

Presentación: Producto en polvo.

Informaciones adicionales:

También se denomina goma de celulosa.

Utilizaciones generales:

- **En industria alimentaria:** Sopas, vinagretas, como agente suspensor (impide la precipitación), en emulsiones, etc.
- **En restauración:** En experimentación.

Carga eléctrica

¿Qué es? Déficit o superávit de electrones en una sustancia. En el primer caso se habla de carga eléctrica positiva, en el segundo, de negativa.

Informaciones adicionales:
- Los productos están formados por moléculas que son eléctricamente neutras, porque los componentes positivos y negativos que forman estas moléculas están equilibrados.
- A causa de reestructuraciones del producto o de reacciones que tienen lugar en él, puede haber partes de moléculas que por el hecho de no estar equilibradas tienen carga eléctrica: son iones que podríamos denominar trozos de molécula con carga eléctrica. Los cationes tienen carga positiva, los aniones, negativa.
- Ejemplos: la sal está constituida por átomos de cloro y de sodio. El cloro tiene carga eléctrica negativa y se denomina ión cloro o cloruro; el sodio tiene carga eléctrica positiva y se denomina ión sodio.
- Cuando en la composición de los alimentos hablamos de sales minerales (hierro, calcio, sodio, etc.), nos referimos a los iones. El hecho que el componente esté en el alimento de forma neutra o iónica (carga eléctrica) le confiere propiedades diferentes.

Carmín

Véase Cochinilla

Carotenos (E-160)

¿Qué son? Colorantes del grupo de los carotenoides, la mayoría provitamina A (producto que se convierte en vitamina A), que proporcionan un color naranja.
¿De dónde provienen? / ¿Cómo se obtienen? Por extracción a partir de la zanahoria mayoritariamente. También de otras hortalizas, algas y animales.
Presentación: Producto en polvo o líquido, en diferentes concentraciones.

Informaciones adicionales:
Los hay de varios tipos, y la mayoría pueden ser transformados en la pared intestinal en vitamina A. El de la zanahoria es el betacaroteno.

Utilizaciones generales:
- **En industria alimentaria:** Bebidas, productos lácteos, margarinas, comidas preparadas, etc.
- **En restauración:** Indirectamente a través de los alimentos: zanahoria, pimiento rojo, cítricos, yema de huevo, etc.

¿Qué son? Hidratos de carbono tipo fibra utilizados como aditivos gelificantes, espesantes y estabilizantes. Por sus propiedades son hidrocoloides.

¿De dónde provienen? / ¿Cómo se obtienen? Tratamiento fisicoquímico de algas rojas de la familia de las rodofíceas (*Chondrus, Gigartina, Furcellaria*).

Presentación: Producto en polvo.

Informaciones adicionales:

- Su nombre proviene del pueblo irlandés de Carragheen donde, con el nombre de «musgo de Irlanda» (*Irish moss*), se utilizaban en alimentación y medicina desde la Edad Media.

- **Tipos de algas y los carragenatos más importantes que se extraen:**
  - *Chondrus chispus* (musgo de Irlanda): Kappa, iota y lambda.
  - *Gigartina radula*: Kappa y lambda.
  - *Euchema cotoni*: Kappa y iota.
  - *Furcellaria fastigiata*: Furcelarato.

Tipos de carragenatos: Se comercializan tres tipos, kappa, iota y lambda. La única diferencia entre ellos es la carga eléctrica de los componentes que les confiere diferentes propiedades. *Véase* Carga eléctrica.

- **Kappa** tiene escasa carga eléctrica y forma geles al enfriarse la solución caliente en la cual se ha dispersado. Son geles termorreversibles, es decir, que vuelven a licuarse al volverse a calentar y a gelificar en frío. Temperatura de fusión del gel, 70-80 °C.
- **Iota** tiene carga moderada y también forma geles, pero menos rígidos, con la particularidad que, si se rompen, vuelven a reconstituirse a temperatura normal, simplemente dejándolos en reposo. *Véase* Tixotropicidad.
- **Lambda**, con fuerte carga eléctrica, no puede formar geles, pero es un buen espesante y suspensor de partículas sólidas.

En el alga *Furcellaria* se encuentra un carragenato especial, el furcelarato, parecido al kappa.

Véase Furcelarato, Iota, Kappa, Lambda

Caseína

¿Qué es? Proteína que tiene propiedades emulsionantes, estabilizantes, espesantes y gelificantes.

¿De dónde proviene? / ¿Cómo se obtiene? De la leche, por acción del cuajo a 35 °C o por acción de flora láctea (microbios lácteos) o por acidificación de la leche.

Presentación: Producto en polvo en las variedades de caseína y caseinato.

Informaciones adicionales:
- El 3,5 % de la leche son proteínas, y de éstas, el 76 % son caseínicas.
- Se puede coagular por acidificación o por enzimas, como por ejemplo con el cuajo.

Utilizaciones generales:
- **En industria alimentaria:** Productos lácteos (requesón, queso, cuajada, etc.). Blanqueadores de café, helados, natas, merengues, bebidas, sopas, caldos, salsas, etc.
- **En restauración:** En experimentación.

Cata

¿Qué es? Acción de apreciar, a través de los sentidos, la calidad de un producto o sus características.

Informaciones adicionales:
- Muy utilizada en la industria alimentaria, en el mundo del vino y las bebidas alcohólicas, así como en otros productos (aceites, vinagres, quesos, etc.).
- También llamada degustación.

Célula

¿Qué es? Unidad básica funcional y estructural de todos los organismos vivos, donde tienen lugar las reacciones esenciales del ser vivo.

Sus partes son:
- **Membrana celular**. A través de la misma se producen los intercambios, hacia el interior o hacia el exterior, de nutrientes o productos de excreción. *Véase* Ósmosis.
- **Citoplasma**. Es el lugar en el que se producen los procesos de nutrición y relación que posibilitan la supervivencia de las especies.
- **Núcleo**. Contiene los cromosomas, donde están los genes que regulan las características de cada especie y donde tienen lugar los procesos de reproducción.

¿Qué es? Hidrato de carbono tipo fibra de la familia de los glucanos, componente de muchos vegetales.

¿De dónde proviene? / ¿Cómo se obtiene? Se extrae de la pulpa de la madera o del algodón.

Informaciones adicionales:
- Es el principal constituyente de las paredes celulares de los vegetales superiores.
- Formado por repeticiones en cadena de glucosa (polímero de glucosa) y clasificado como fibras no solubles en agua.

Principales aditivos derivados en alimentación:
- **Celulosa microcristalina** (MCC) E-460. Se utiliza para hacer salsas, espumas y como agente de viscosidad. *Véase* Celulosa microcristalina.
- **Metilcelulosa** (MC) E-461. Gelificante en caliente, utilizado en flanes, bechameles, pizzas, etc. *Véase* Metilcelulosa.
- **Carboximetilcelulosa** (CMC) E-466. Suspensor (evita la precipitación) en vinagretas, formación de películas. *Véase* Carboximetilcelulosa.
- Otros derivados de la celulosa son: **Hidroxipropilmetilcelulosa** (HPMC) E-464 y **etilcelulosa** (EC) E-463, que, como la metilcelulosa, son gelificantes en caliente.

Celulosa microcristalina (MCC) (E-460)

¿Qué es? Hidrato de carbono tipo fibra que se utiliza como aditivo espesante. Por sus propiedades es un hidrocoloide.

¿De dónde proviene? / ¿Cómo se obtiene? De la celulosa de las plantas. Fracción de la pulpa de la madera o del algodón cuando se rompe parcialmente su estructura de cadena larga por procesos fisicoquímicos.

Presentación: Producto en polvo.

Utilizaciones generales:
- **En industria alimentaria:** Fibra dietética, evita que el queso rallado se apelmace, soporte de aromas por su capacidad de absorción de aceites esenciales, agente suspensor en batidos, estabilizante en emulsiones y espumas.
- **En restauración:** En experimentación.

Centrífuga

¿Qué es? Aparato que separa por decantación las partículas más densas y pesadas de un determinado líquido.

¿Cómo funciona? Se basa en la rotación de una serie de tubos sobre un eje vertical. Ello produce una fuerza centrífuga que aumenta la fuerza de la gravedad y provoca esta decantación.

Informaciones adicionales:
- La centrifugación normal aumenta la fuerza de la gravedad aproximadamente 1.000 veces. Pero trabajando a 12.000 rpm (revoluciones por minuto) se puede llegar a más de 12.000 gravedades. La traducción de vueltas o revoluciones por minuto a gravedades depende de la centrífuga, fundamentalmente del radio de giro.
- En cocina, la centrífuga permite separar diferentes componentes de un alimento según su densidad.

Utilizaciones generales:
- **En industria alimentaria:** Separación de los componentes de la leche, residuos de los aceites, etc.
- **En restauración:** Poco utilizado. Se ha empleado para separar los componentes sólidos y producir una clarificación, prácticamente sin calor, con aprovechamiento tanto del concentrado sólido en el fondo como del líquido sobrenadante. Ejemplo: concentrado de estragón.

Centrifugación
Véase Centrífuga

Ciclamato (E-952)

¿Qué es? Sal orgánica, aditivo artificial que se utiliza como edulcorante.

¿De dónde proviene? / ¿Cómo se obtiene? Síntesis en la industria química; proviene de derivados del petróleo (ciclohexilamina y ácido clorosulfónico).

Presentación: Producto en polvo.

Informaciones adicionales:
- Nombre completo: ciclamato de sodio.
- Poder edulcorante: 40 veces más que el azúcar (sacarosa).
- Se ha cuestionado por razones sanitarias.

Utilizaciones generales:
- **En industria alimentaria:** Refrescos, sustituto del azúcar para diabéticos y en la industria de los dulces (caramelos, chicles, gominolas, etc.).
- **En restauración:** No tenemos constancia.

Cítrico (Ácido) (E-330)

composición de los alimentos - ácidos
aditivos – reguladores de la acidez
aditivos - conservantes

¿Qué es? Ácido orgánico que se utiliza como aditivo regulador de la acidez y como conservante.

¿De dónde proviene? / ¿Cómo se obtiene? Presentes sobre todo en cítricos, pero también en la fresa, la piña, la frambuesa, etc. Se extrae con tratamiento fisicoquímico.

Presentación: Producto cristalizado o en disolución con diferentes concentraciones.

Utilizaciones generales:
- **En industria alimentaria:**
  - Para acidificar (control de pH) y para conservar, aceites y grasas de origen animal o vegetal. Arroz de cocción rápida, cacao y chocolate, leche y productos lácteos (nata entera pasteurizada), pan, pastas frescas.
  - Productos vegetales elaborados: confituras, jaleas y mermeladas de valor energético reducido, preparados a base de fruta para untar, incluyendo los de valor energético reducido, zumos y jugos, etc.
- **En restauración:** Para incorporar o acentuar el gusto ácido. Para favorecer procesos de gelificación (pâte de fruits, etc.).

Dosificación y modo de empleo:
- **Dosificación máxima tolerada:** QS, excepto cacao y chocolate (5 g/kg) y fruta y néctares (3 g/kg).
- **Dosificación básica en cocina:** En función de la elaboración.
- **Modo de empleo:** Se mezcla o se incorpora directamente en la elaboración, en polvo o en líquido (disolución en agua).

¿Qué es?
Científicamente: Acción de sacar de un líquido las partículas que lo enturbian. Se puede hacer mediante:

- Filtración: Con embudos y filtros adecuados. Ejemplos: clarificación del vino con filtros de bentonitas o con filtros de celulosa u otros tipos.
- Decantación: Dejando reposar para que los productos se queden en el fondo, para poder realizar la acción.
- Centrifugación: Introduciendo el líquido en un aparato que aumente las gravedades y se separen los componentes, y que finalizaremos con una decantación.

Gastronómicamente: En gastronomía se habla de clarificación sobre todo en dos supuestos:
- Consomé: por coagulación de las albúminas de la clara.
- Mantequilla: por aplicación de calor y decantación.

Cloro

¿Qué es? Elemento químico que suele ir asociado a otros elementos, preferentemente a sales (cloruro de sodio, cloruro de calcio, etc.).

Informaciones adicionales:
- En forma de cloruro es un componente de distintas sales minerales. Imprescindible para los organismos vivos, con un contenido en el organismo humano de 1,1 g por cada kg.
- Indispensable en el equilibrio con el sodio y en los jugos gástricos. Su presencia en el organismo se produce prácticamente toda con la ingestión de sal común (cloruro de sodio).
- También se utiliza como desinfectante formando parte de compuestos como el hipoclorito (producto básico de la lejía).

Clorofila (E-140)

¿Qué es? Aditivo colorante que se utiliza por el color verde que otorga. Es un pigmento formado por un grupo porfirínico con magnesio y otros componentes.
¿De dónde proviene? / ¿Cómo se obtiene? Extracción a partir de hierbas, alfalfa y otros vegetales verdes comestibles (espinacas, acelgas, etc.). La manera fácil de extraerla de las plantas es con alcohol etílico, a causa de su buena disolución en este producto. Posteriormente, la clorofila se obtiene evaporando el alcohol.
Presentación: Producto en polvo o en disolución.

Informaciones adicionales:
En medio ácido se degrada y deja al descubierto otros pigmentos, como los carotenos (naranja), que estaban enmascarados por la clorofila. El resultado es el oscurecimiento hacia colores amarronados de la verdura; por este motivo es preciso reducir la acidez (aumentar el pH) añadiendo, por ejemplo, bicarbonato. De este modo se fija el color.

Utilizaciones generales:
- **En industria alimentaria:** Helados y productos lácteos.
- **En restauración:** En experimentación.

Cloruro de calcio
Véase Sales de calcio

Cloruro de potasio
Véase Sal potásica

Cloruro de sodio
Véase Sal

Coagular
conceptos científicos

¿Qué es? Acción por la cual, grandes conglomerados de moléculas presentes en un líquido se aglutinan en forma de sólido gelatinoso, lo cual puede facilitar la separación entre dicho sólido y el resto del líquido.

Informaciones adicionales:
Normalmente asociado a una fase posterior a la desnaturalización de las proteínas. Se puede producir por calor, enfriamiento, acción de enzimas o por la adición de productos como ácidos, alcoholes, etc. Por ejemplo: la coagulación de la clara de huevo por efecto del calor o la utilización de la enzima renina para cuajar la leche y obtener quesos.

Cobre (E-171, E-172)
aditivos – colorantes

¿Qué es? Mezcla de aditivos colorantes de superficie formados fundamentalmente por dióxido de titanio (E-171) y óxidos de hierro (E-172) y que da una gama de colores que se pueden asimilar al cobre o al bronce.
Presentación: Producto en polvo.

Utilizaciones generales:
- **En industria alimentaria:** En pastelería y confitería e, individualmente, el E-172, colorante de superficie de los quesos.
- **En restauración:** Muy puntualmente en recubrimientos exteriores.

Dosificación y modo de empleo:
- **Dosificación básica en cocina:** QS para el recubrimiento de la preparación.
- **Modo de empleo:** Con un pincel recubrir la superficie de la preparación. Se puede hacer una mezcla con agua para facilitar el proceso.

Cochinilla (E-120)

¿Qué es? Aditivo colorante (color rojo o violeta) cuyo principio activo es el ácido carmínico.

¿De dónde proviene? / ¿Cómo se obtiene? Extracción de productos naturales del caparazón de las hembras desecadas de un insecto (*Coccus cacti*) que vive en cactus de las Canarias y de América del Sur y Central.

Presentación: Producto en polvo.

Informaciones adicionales:
- Se necesitan de 100 a 150 insectos para obtener un gramo de cochinilla.
- Muy apreciado ya en la Edad Media para cosmética y tintorería.

Utilizaciones generales:
- **En industria alimentaria:** Embutidos, marisco, jarabes, repostería, chicles, productos lácteos, pastelería, bebidas, etc.
- **En restauración:** No tenemos constancia.

Colágeno

¿Qué es? Proteína que tiene propiedades emulsionantes, aireantes y gelificantes.

¿De dónde proviene? / ¿Cómo se obtiene? Extracción a partir del cerdo o la ternera.

Presentación: Láminas (gelatina de cola de pescado) o en polvo.

Informaciones adicionales:
- Es el tipo de proteína más abundante en los vertebrados superiores, por ejemplo en los mamíferos (20 a 25 % de las proteínas).
- Da rigidez (dureza) a la carne. Esta característica se puede modificar, por ejemplo, con cocción prolongada en agua.
- Constituyen la gelatina de cola de pescado.
- Las fibras de colágeno se hinchan en productos ácidos, alcalinos y en presencia de algunas sales minerales.
- Es abundante en músculos, tendones, cartílagos y piel.

Véase Gelatina (Colas de pescado)

¿Qué es? Lípido simple de tipo esteroide (compuesto orgánico caracterizado por estructuras cíclicas).

Informaciones adicionales:
- Está presente exclusivamente, de forma natural, en el reino animal, y su acumulación en el organismo humano produce problemas de arteriosclerosis (taponamiento de las arterias) con consecuencias como la angina de pecho o el infarto de miocardio.
- El consumo de productos con componentes ácidos grasos poliinsaturados se asocia con la disminución de las cifras de colesterol. Ejemplo: pescado azul.
- Actualmente, la presencia de los ácidos grasos poliinsaturados en otros alimentos que no le son propios se publicita como lucha anticolesterol. Ejemplo: margarina con Omega 3.
- Se pueden definir dos tipos:
    - Colesterol de alta densidad o HDL. Es beneficioso para el organismo.
    - Colesterol de baja densidad o LDL. Es el que se considera perjudicial.
- Está presente abundantemente en las yemas de huevo y las grasas animales.

Cantidad de colesterol en algunos alimentos (en mg por cada 100 g)	
Leche de vaca	13 mg
Nata líquida 35 % m.g.	110 mg
Yema de huevo	1.100 mg
Aceite de hígado de bacalao	500 mg
Mantequilla	250 mg
Queso brie	100 mg
Caviar	300 mg
Ostras	260 mg
Sesos de cerdo	2.000 mg
Hígados (cerdo, pollo, pato, etc.)	300-500 mg
Frutas, verduras, aceites o margarinas vegetales y en general productos no animales	0 mg

Coloide

conceptos científicos

¿Qué es? Dispersión de moléculas muy grandes o de agregados en un líquido, normalmente acuoso, donde no se disuelven, aunque a simple vista lo parezca. La mezcla resultante suele ser notablemente más viscosa que el agua.

Informaciones adicionales:
- Todos los hidrocoloides presentan soluciones coloidales.
- También denominado dispersión coloidal o emulsión.
- Un ejemplo culinario es la mezcla de agua y de aceites o grasas en general para formar mayonesas, vinagretas, etc.

Colorante

conceptos científicos

¿Qué es? Sustancia capaz de conferir a otras una coloración determinada, sea porque ella misma la tiene, sea porque la puede producir en ciertas condiciones.

Informaciones adicionales:
- Habitualmente, los colorantes alimentarios son aditivos artificiales (tartracina, ponceau 4R...), o naturales (cochinilla, cúrcuma, clorofila...). Estos últimos también se pueden obtener a partir de síntesis química.
- Aparte de la clasificación en artificiales y naturales, también se pueden dividir de otros modos, por ejemplo, solubles en agua (hidrófilos) y solubles en grasas (lipófilos).
- Todos los colorantes se pueden ver afectados por la luz, la temperatura, la acidez, el oxígeno, la presencia de microbios, etc., propiciando que cambie el matiz del color o incluso que desaparezca.

Color	Colorantes naturales	Colorantes artificiales
	• Carbonatos de calcio • Dióxido de titanio	
	• Curcumina • Riboflavina	• Tartrazina
	• Oro	
	• Carotenos • Antocianinas (azul-rojo naranja...) • Xantofilas (amarillo hasta rojo)	• Amarillo de quinolina • Amarillo anaranjado S
	• Caramelos • Óxidos o hidróxidos de hierro	• Marrón FK • Marrón HT
	• Anato o bixina o norboxina • Extracto de pimentón o capsatina o capsorrubina	
	• Cochinilla o carmín de cochinilla • Licopeno • Betanina o rojo remolacha	• Rojo cochinilla A o ponceau 4R • Azorrubina • Amaranto • Rojo 2G • Rojo Altura AC • Litolrubina BK
		• Eritrosina
		• Azul patente V • Indigotina o carmín índigo • Azul brillante FCF
	• Clorofilas	• Verde S
	• Aluminio • Plata	
	• Carbón	
	• Melanina o tinta de calamar, sepia, etc.	• Negro PN o Negro Brillante BN

En cocina y en la industria alimentaria se pueden incorporar diferentes tonalidades a los alimentos gracias a colorantes naturales o artificiales.

Composición de los alimentos

conceptos alimentarios

¿Qué es? Detalle de los ingredientes que constituyen un alimento, expresado normalmente en % (gramos por cada 100 g del alimento) de su contenido. Los apartados habituales en las tablas de composición de los alimentos son los siguientes:

Ejemplos de alimentos con su composición resumida			
	Almendra	Ternera	Naranja
Agua	5 %	73,4 %	88,2 %
Proteínas	19 %	19 %	0,9 %
Lípidos	53,1 %	5,9 %	0 %
Glúcidos	19,5 %	0 %	8,6 %
Sales minerales, vitaminas y otros	3,4 %	1,7 %	2,3 %

Compuesto bioquímico

conceptos científicos

¿Qué es? Tipo de compuestos químicos que proceden de los seres vivos.

Informaciones adicionales:
Están constituidos por moléculas con carbono, hidrógeno y oxígeno (ejemplo: hidratos de carbono) y también nitrógeno (ejemplo: proteínas). Otros elementos están presentes en determinados compuestos (hierro, cobre, etc.), pero de forma no generalizada.

Dulce

percepciones organolépticas

¿Qué es? Uno de los gustos fundamentales, asociado habitualmente al azúcar (sacarosa).

Dureza (del agua)

conceptos científicos

¿Qué es? Contenido de sales de calcio y de magnesio en el agua.

Informaciones adicionales:
Las zonas en las que las rocas tienen calcio (calcáreas) dan lugar a aguas duras. En zonas de aguas duras, el calcio que contiene recubre las legumbres y se necesita más tiempo para su cocción, y hay que añadir alguna sustancia que haga precipitar las sales de calcio.

Ebullición (Temperatura de)
Véase Punto de ebullición

Edulcorante

conceptos alimentarios

¿Qué es? Todo compuesto químico que produce un gusto dulce.

Informaciones adicionales:
Se pueden dividir en azúcares y aditivos edulcorantes. Habitualmente, el nombre de edulcorante se reserva sólo para los aditivos.

Edulcorante calórico

conceptos alimentarios

¿Qué es? Nombre que se da a una serie de aditivos que se utilizan como edulcorantes de baja intensidad.

Informaciones adicionales:
- También se denominan edulcorantes nutritivos o de volumen.
- El conjunto de productos que se adecuan a esta denominación son químicamente del tipo poliol. *Véase* Polioles.
- Los edulcorantes calóricos se basan en las siguientes propiedades:
  - Bajo contenido energético (2,2 kcal/g) a pesar de denominarse calóricos.
  - Dulzor suave e igual o inferior al azúcar.
  - Sensación de frescor en la mayoría de los casos.
  - Laxantes a dosis superiores a 60 g/kg.
  - Algunos son higroscópicos (absorben agua).
  - Proporcionan una cierta textura a los productos.
  - Están catalogados como aditivos.

Edulcorante intensivo

conceptos alimentarios

¿Qué es? Nombre que se da a una serie de aditivos que se utilizan como edulcorantes de alta intensidad.

Informaciones adicionales:
- Edulcorantes no energéticos por su bajo contenido en la adición en los alimentos.
- Dulzor muy intenso. Muy superior al azúcar (sacarosa).
- Sustitutos de los azúcares en alimentos para diabéticos o dietas bajas en calorías.
- No son higroscópicos (no absorben agua).
- No proporcionan textura a los productos.
- Están todos catalogados como aditivos.

Electrón

conceptos científicos

¿Qué es? Componente del átomo que le aporta carga eléctrica negativa (la positiva proviene del protón).

Elementos químicos

conceptos científicos

¿Qué son? Todos los componentes simples de la materia, clasificados en la tabla periódica. Ejemplos: oxígeno, cloro, carbono, etc. *Véase* Tabla periódica.

Embudo de decantación

tecnología - utensilios

¿Qué es? Utensilio que sirve para separar los componentes de mezclas líquidas constituidas por componentes no miscibles, por ejemplo aceite y agua.
¿Cómo funciona? Se pone la mezcla dentro de un recipiente con llave de paso y cuando están diferenciadas las distintas fases dentro del recipiente, se separan abriendo esta llave.

Ejemplos de aplicación: Para separar los sabores según si son solubles en agua o en grasas.

Aditivos edulcorantes

Calóricos (polioles)

Sorbitol (E-420)
Poder edulcorante: 0,6 veces la sacarosa. Aplicaciones: chicles y recubrimiento de comprimidos.

Manitol (E-421)
Poder edulcorante: 0,6 veces la sacarosa. Aplicaciones: caramelo duro, comprimidos, chicles (en la masa y para espolvorear, reduce la tendencia a pegarse).

Isomalt o isomaltitol (E-953)
Poder edulcorante: 0,5 veces la sacarosa. Aplicaciones: caramelos, jarabes etc.

Maltitol (E-965)
Poder edulcorante: 0,8 veces la sacarosa. Aplicaciones: caramelos, chicles, galletas (en la masa para sustituir a la sacarosa), etc.

Lactitol (E-966)
Poder edulcorante: 0,3 veces la sacarosa. Aplicaciones: poco utilizado, sólo en algunas mezclas con otros polioles.

Xilitol (E-967)
Poder edulcorante: igual que el de la sacarosa. Aplicaciones: chicles y comprimidos con propiedades refrescantes.

Intensivos

Acesulfame-K (E-950)
Poder edulcorante: 200 veces más que el azúcar (sacarosa). Aplicaciones: confitería, bebidas, etc.

Aspartame (E-951)
Poder edulcorante: 200 veces más que el azúcar (sacarosa). Aplicaciones: Sustituto del azúcar combinado con carga maltodextrina, también en confitería, etc.

Ciclamato (E-952)
Poder edulcorante: 40 veces más que el azúcar (sacarosa). Aplicaciones: Sustituto del azúcar y también en confitería, bebidas, etc.

Sacarina (E-954)
Poder edulcorante: 400 veces más que el azúcar (sacarosa). Aplicaciones: sustituto del azúcar (sacarosa) en muchas aplicaciones no calóricas.

Taumatina (E-957)
Poder edulcorante: 2.500 veces más que el azúcar (sacarosa). Aplicaciones: pocas aplicaciones, esporádicamente como potente edulcorante.

Neohesperidina-DC (E-959)
Poder edulcorante: 600 veces más que el azúcar (sacarosa). Aplicaciones: en productos elaborados que necesitan un alto poder edulcorante.

Sucralosa (E-955)
Recientemente aprobado por la CEE como aditivo alimentario. Poder edulcorante: 650 veces más que el azúcar (sacarosa). Aplicaciones: galletas, pastelería, mermeladas, etc.

¿Qué es? Dispersión coloidal de dos líquidos no miscibles. Ejemplos: la grasa y el agua en la leche, las mayonesas, que son gotas de aceite dispersas en agua, etc.

Informaciones adicionales:

- En una emulsión cabe distinguir dos fases, la interna y la externa; la fase interna la forman gotas sumergidas en la fase externa, también llamada matriz. Según si las gotas internas sean aceite o agua, tendremos los dos tipos de emulsión:
  - Aceite en agua (O/W), donde el medio de dispersión es el agua. Ejemplo: nata líquida, mayonesa.
  - Agua en aceite (W/O), donde el medio de dispersión es el aceite. Ejemplo: margarina, helados.
- En el paladar se nota la sensación más grasa cuando la fase externa (la primera que toca la boca) es aceite.
- Las emulsiones «aceite en agua» son más fácilmente contaminables por microbios (caso de la mayonesa casera que, cada año, causa intoxicaciones si no se ha conservado o si no se ha añadido un poco de vinagre para que actúe como conservante). En cambio, las emulsiones «agua en aceite» no necesitan conservantes, ya que los microbios no pueden atravesar la capa grasa para llegar al agua, único lugar en el que pueden desarrollarse. La estabilidad de una emulsión es posible gracias a los emulsionantes. *Véase* Emulsionante (o Emulgente).

Estructura de la emulsión de la mayonesa

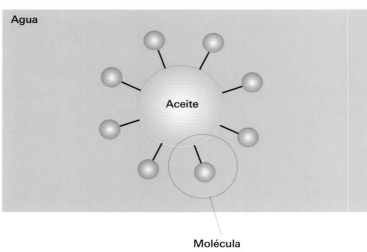

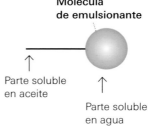

Molécula de emulsionante

Parte soluble en aceite

Parte soluble en agua

¿Qué es? Producto que posibilita la formación y mantenimiento de una emulsión o mezcla homogénea de dos líquidos no miscibles entre sí, como el aceite y el agua.

Informaciones adicionales:
Un emulsionante es una sustancia que, en su propia molécula, tiene una parte soluble en agua y otra parte soluble en aceite. Ello propicia que se sitúe en la frontera de separación agua-aceite, orientando cada parte hacia la fase más afín y rebajando la tensión superficial, lo cual estabiliza la emulsión.

Emulsionantes más comunes	
Lípidos y derivados (animales y vegetales)	Ésteres de propilenglicol
	Ésteres de sorbitano
	Ésteres de poliglicerol
	Sucroglicéridos
	Sucroésteres
	Mono y diglicéridos
	Sales de ácidos grasos
	Lecitinas
Hidratos de carbono	Derivados del almidón
Proteínas	Animales y vegetales

¿Qué es? Forma de proteger sustancias muy delicadas (vitaminas, aromas), encerrándolas dentro de un envoltorio comestible hecho con proteínas, lípidos o azúcares, de forma que sólo se liberen en el momento del consumo o de la aplicación.

Enlace

¿Qué es?

a) Unión de átomos para formar moléculas:
El enlace entre dos átomos de hidrógeno y uno de oxígeno da el agua.

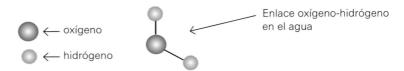

← oxígeno

← hidrógeno

Enlace oxígeno-hidrógeno
en el agua

b) Unión entre dos moléculas simples para formar otra molécula distinta.
El enlace entre la glucosa y la fructosa da el azúcar (sacarosa).

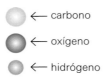

← carbono

← oxígeno

← hidrógeno

fructosa

glucosa

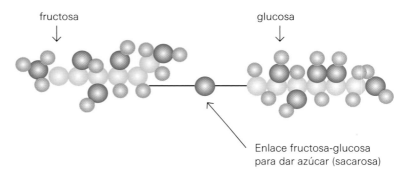

Enlace fructosa-glucosa
para dar azúcar (sacarosa)

c) Unión de moléculas entre sí (enlace intermolecular). Este enlace no da lugar a moléculas distintas a las iniciales. Ejemplos: confiere su estructura a las proteínas. En el caso del agua, los enlaces entre moléculas provocan que sus puntos de fusión y ebullición sean elevados.

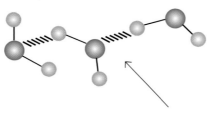

Enlace entre moléculas
de agua

Enranciamiento

¿Qué es? Fenómeno que se produce al descomponerse las moléculas de las grasas generalmente a causa de enzimas. Quedan libres ácidos grasos que son los que se oxidan y otorgan mal sabor, es decir, la percepción de rancio.

Informaciones adicionales:

- No tiene nada que ver con el fenómeno de la peroxidación de las grasas (formación de productos que provocan oxidaciones) aunque, generalmente, van unidos. Los aditivos antioxidantes evitan la peroxidación, pero no hay ningún aditivo que pueda evitar el enranciamiento. Ejemplos: enranciamiento de mantequilla, nueces, jamón, etc.
- Los ácidos grasos insaturados (aceite de oliva...) se oxidan más fácilmente que los saturados y, por lo tanto, son más propensos al enranciamiento. El olor y el sabor desagradable se debe a los productos que se forman en las reacciones de enranciamiento, que son aldehídos y cetonas.

Enzimas

¿Qué son? Proteínas que actúan como catalizadores biológicos, es decir, capaces de descomponer o sintetizar otras sustancias sin que ellas mismas se vean afectadas.
¿De dónde provienen? / ¿Cómo se obtienen? Por separación de estos componentes a partir de un alimento (piña, papaya, higo, etc.) y de microorganismos.
Presentación: Producto granulado o en polvo.

Informaciones adicionales:

- Hay muchas enzimas, aunque su acción es específica y no pueden efectuar más que una función. Ejemplos: durante la digestión, la ptialina de la saliva descompone el almidón hasta su componente más sencillo, la glucosa; después actúan las proteasas y las lipasas para descomponer, respectivamente, las proteínas y las grasas, para que sean asimilables. Una vez asimiladas, otras enzimas se encargan de convertir estos productos simples en tejidos orgánicos, como carne, piel, huesos, etc.
- Por encima de los 70 °C quedan inactivas, sin dejar residuo.
- Algunas enzimas tienen la propiedad de desnaturalizar las proteínas, entre las cuales se encuentra el colágeno. Las principales enzimas que lo posibilitan son:
  - Papaína, que se extrae de las papayas.
  - Bromelaína, que se extrae de la piña.
  - Ficina, que se extrae de los higos.

Utilizaciones generales:

En industria alimentaria: Clarificación de vinos, industria cárnica, confitería, jugos y zumos, jarabes, etc.; pelar, ablandar, eliminar el oxígeno, producir azúcares a partir de almidones y féculas, acelerar la fermentación del pan, obtención de almidones modificados, etc.
En restauración: En experimentación.

¿Qué es? Producto aromático extraído de una planta por destilación de agua (arrastre por vapor de agua) o por infusión y que es el responsable del aroma de las plantas.

Informaciones adicionales:
- Se utilizan en perfumería, medicina y también en cocina.
- Un grupo importante dentro de las esencias son los aceites esenciales, por ejemplo, el de limón.
- A pesar de que las esencias son conceptualmente y por definición naturales, existen esencias sintéticas que intentan reproducir las originales.
- No todas las esencias son comestibles.

Espesantes

conceptos alimentarios

¿Qué son? Productos que aumentan la viscosidad de un alimento en estado líquido. Por sus propiedades son hidrocoloides.

Espesantes más comunes		
Carbohidratos tipo fibra	Algas	Carragenato lambda
	Microbianos	Xantana
	Plantas (semillas)	Tara
		Guar
		Garrofín
	Plantas (exudantes)	Tragacanto
		Arábiga
	Plantas (celulosas)	Celulosas
		Carboximetilcelulosa
Almidones	Plantas (cereales)	Waxy
		Trigo
		Maíz
		Arroz
	Plantas (tubérculos)	Mandioca (tapioca)
		Patata
Harinas	Plantas (cereales)	Trigo
		Maíz
		Arroz
		Centeno
	Plantas (tubérculos)	Mandioca (tapioca)
		Patata

Espuma

¿Qué es?
- **Científicamente:**
  - **a)** Dispersión coloidal de un gas en un líquido (agua G/W o aceite G/O), donde G es el gas disperso en W agua u O aceite. Ejemplo: espuma de la cerveza (G/W).
  - **b)** Dispersión coloidal de un gas en un sólido (G/S), donde G es el gas disperso en S sólido. Ejemplo: suflé, pan, bizcochos, etc.
- **Gastronómicamente:** Según la nomenclatura que se utiliza para designar las elaboraciones creadas en el restaurante elBulli, una espuma es una elaboración de textura variable, generalmente muy ligera, obtenida a partir de un puré o un líquido gelatinado que se introduce en el sifón. También se llaman espumas otras elaboraciones que se realizan en el sifón, aunque se añadan otros ingredientes (clara, yema de huevo, nata, grasas, féculas, etc.). Pueden ser frías o calientes.

Espumantes

¿Qué son? Productos que posibilitan formar una espuma a partir de un alimento líquido.

Ejemplo: Quilaya (E-999, extracto del árbol *Cinconia quillaia*). La glicirricina del regaliz y, en general, todas las saponinas son espumantes, así como los aminoácidos.

Estabilizantes

¿Qué son? Compuestos químicos o mezclas de compuestos que posibilitan el mantenimiento del estado de un alimento.

Informaciones adicionales:
- Pueden mantener una textura espesa, gelificada, emulsionada, etc.; pueden mantener color, etc.
- La mayoría de los gelificantes y espesantes también son estabilizantes. Ejemplos: alginatos, carragenatos, goma garrofín, etc.

Ésteres alimentarios

¿Qué son? Sustancias formadas por la reacción de un ácido orgánico con un alcohol y que constituyen una parte importante de los aromas de los alimentos.

Ejemplos:
- El acetato de isoamilo es el principal responsable del aroma de plátano.
- El butirato de etilo es el principal responsable del aroma de piña.
- El acetato de octilo es el principal responsable del aroma de naranja.

Esterilización

procesos físicos o químicos

¿Qué es? Proceso por el cual se destruyen los microorganismos.

Tipos:
- Esterilización convencional: Calentar hasta 125-130 °C durante 15-20 minutos.
- UHT: Calentar hasta 140-150 °C durante 2-4 segundos.

Estufa bacteriológica y de cultivos

tecnología - aparatos

¿Qué es? Aparato que permite el cultivo de microbios en unas condiciones ideales para su reproducción y subsistencia.
¿Cómo funciona? Por un sistema de sensores y en un recipiente cerrado, se controla exhaustivamente la temperatura y la humedad del interior para favorecer procesos microbiológicos.

Informaciones adicionales:
- Los aparatos habituales permiten un control entre 5 °C y 80 °C con una estabilidad de 0,5 °C.
- La incubadora es un aparato similar.

Utilizaciones generales:
- **En industria alimentaria:** Yogures y en general alimentos de fermentación.
- **En restauración:** No tenemos constancia.

Etanol
Véase Alcohol etílico

Flavonoides

¿Qué son? Grupo de compuestos vegetales de tipo polifenoles, responsables de la coloración de muchas frutas y verduras.

¿De dónde provienen? / ¿Cómo se obtienen? Extracción a partir de productos vegetales.

Presentación: Productos líquidos o en polvo.

Informaciones adicionales:
- Los más importantes, dentro de los polifenoles, son los antocianos y los taninos. *Véase* Antocianos, Taninos.
- Un grupo de los taninos se pueden clasificar como flavonoides.

Utilizaciones generales:
- **En industria alimentaria:** Como alimentos nutracéuticos.
- **En restauración:** No tenemos constancia.

Flavour

¿Qué es? Término anglosajón que describe el conjunto de percepciones organolépticas (olfativas, gustativas y táctiles) que produce un producto alimentario.

Flora intestinal

¿Qué es? Conjunto de bacterias del intestino grueso que contribuyen a la absorción de los alimentos y que, por lo tanto, son beneficiosas para el organismo.

Informaciones adicionales:
Estos microbios son capaces de romper las estructuras de los alimentos transformándolos en moléculas más pequeñas que han llegado al intestino grueso y que ahora ya pueden ser absorbidas por el organismo.

Fosfatos

aditivos – reguladores de la acidez
aditivos – estabilizantes
aditivos – conservantes
aditivos - espesantes
composición de los alimentos - minerales

¿Qué son? Compuestos inorgánicos con fósforo, que se utilizan como reguladores de la acidez, estabilizantes, conservantes y espesantes

¿De dónde provienen? / ¿Cómo se obtienen? Por reacciones de transformación de sales minerales.

Presentación: Productos en polvo.

Informaciones adicionales:
- **Reguladores de la acidez:** E-338 a E-443.
- **Gasificantes:** E-339.
- **Espesantes:** Fosfatos de almidón E-1401 a E-1414 (también gelificantes y estabilizantes).
- Los E-450, E-451 y E-452 son aditivos minerales muy utilizados como reguladores del pH, como secuestrantes de metales y como donantes de carga eléctrica.
- Son muy buenos estabilizantes de las proteínas, asegurando su hidratación y evitando de este modo que se desnaturalicen a alta temperatura.

Utilizaciones generales:
- **En industria alimentaria:** Derivados de la carne, productos lácteos, quesos fundidos y fritos.
- **En restauración:** No tenemos constancia.

Fosfolípidos

composición de los alimentos - lípidos

¿Qué es? Tipo de lípidos caracterizado por la presencia de fósforo en su molécula. Forman parte de la membrana de las células.

Informaciones adicionales:
En general tienen propiedades emulsionantes. Ejemplos: lecitina, fosfatidilserina.

Fósforo

composición de los alimentos - minerales

¿Qué es? Elemento químico, componente de ciertas sales minerales, llamadas fosfatos. Algunos de sus compuestos se utilizan como complemento alimentario. *Véase* Fosfatos.

Informaciones adicionales:
- Es imprescindible para los organismos vivos.
- Contenido en el organismo humano de unos 10 g por cada kg.
- Está presente en las moléculas acumuladoras de energía del organismo (las llamadas ATP y ADP). Además, forma parte de los tejidos, huesos, etc.
- La ingesta de compuestos con fósforo se produce sólo a través de los alimentos. Entre los que contienen más destacan: lácteos (queso emmental: 0,6 %), yema de huevo (0,5 %) y legumbres (lentejas 0,4 %).

Fructosa

¿Qué es? Hidrato de carbono simple (monosacárido), que tiene función de edulcorante.
¿De dónde proviene? / ¿Cómo se obtiene? Extracción de fruta, miel, etc.
Presentación: Producto en polvo.

Informaciones adicionales:

- También llamada levulosa.
- Poder edulcorante: Unas 1,1-1,7 veces más dulce que el azúcar (sacarosa).
- Lo podemos encontrar libre, por ejemplo en la miel. También forma parte de muchas frutas, como por ejemplo: manzana (60 % de los azúcares), higo (40 % de los azúcares), uva (40 % azúcares). También de otros productos vegetales como por ejemplo: tomate (60 % de los azúcares), col (30 % de los azúcares) y zanahoria (20 % de los azúcares).

Utilizaciones generales:

- **En industria alimentaria:** Confitería, bebidas, chicles, mermeladas, etc.
- **En restauración:** No tenemos constancia de aplicación directa. Se aplica indirectamente a través de algún alimento (miel) o de otros productos (por ejemplo, azúcar invertido).

Furcelarato (E-407a)

¿Qué es? Carragenato que se utiliza como aditivo gelificante, espesante y estabilizante. Por sus propiedades es un hidrocoloide.
¿De dónde proviene? / ¿Cómo se obtiene? Extraído del alga *Furcelaria fastigiata*.
Presentación: Producto en polvo.

Informaciones adicionales:

Es similar al carragenato kappa.

Utilizaciones generales:

- **En industria alimentaria:** Se aplica de forma excepcional en postres lácteos, nata, helados, etc.
- **En restauración:** No tenemos constancia.

Fusión (Temperatura de)

Véase Punto de fusión

Gellan (Goma) (E-418)

¿Qué es? Hidrato de carbono tipo fibra utilizado como aditivo gelificante y estabilizante. Por sus propiedades es un hidrocoloide.

¿De dónde proviene? / ¿Cómo se obtiene? Fermentando hidratos de carbono con la bacteria *Sphingomonas elodea*.

Presentación: Producto en polvo.

Informaciones adicionales:

- Descubierto en 1977.
- Se pueden distinguir dos tipos: rígido y elástico.
- Forma geles en presencia de calcio o de ácidos en concentraciones muy bajas. Si los alimentos a gelificar llevan calcio, el efecto es mejor y más consistente.
- Resiste altas temperaturas, como el agar-agar.
- La goma gellan elástica se ha utilizado para conseguir efecto suspensor, con el fin de retener objetos dentro del líquido.

Utilizaciones generales:

- **En industria alimentaria:** Helados, mermeladas, bebidas con poder suspensor. Poco utilizado en la industria alimentaria a causa de su precio elevado.
- **En restauración:** En experimentación.

Gen

¿Qué es? Cada una de las partes del cromosoma de una célula que contiene la información de una característica o parte de esta característica de un ser vivo.

Informaciones adicionales:

- Los genes que controlan el olfato son capaces de definir unas 10.000 variaciones diferentes, pero no todo el mundo las puede detectar todas ni con la misma intensidad.
- El producto feniltiourea tiene un gusto extremadamente amargo para una parte de la población e insípido para la otra. Este hecho está regulado por un gen.

Genética

¿Qué es? Ciencia que estudia la información hereditaria y cómo se transmite. Respecto al hecho alimentario, todas las personas tienen connotaciones organolépticas diferentes, que se evidencian en la cata de diferentes productos. El caso extremo son las enfermedades genéticas de intolerancias. Ejemplo: intolerancia al gluten, a la lactosa, etc.

Genoma

¿Qué es? Conjunto de genes que forman el código genético, es decir, la información para constituir un ser vivo y coordinar su desarrollo.

Informaciones adicionales:
- En la especie humana, el genoma está constituido aproximadamente por unos 30.000 genes.
- Cada alimento tiene su propio genoma, cuyo conocimiento propiciará que se puedan entender características relacionadas con sus propiedades organolépticas.

Glicéridos (E-471, E-472, E-474)

composición de los alimentos - lípidos
aditivos - emulsionantes

¿Qué son? Compuestos formados por la unión entre ácidos grasos y glicerina y habitualmente denominados grasas y aceites. Como aditivos se utilizan por sus propiedades emulsionantes (monoglicéridos E-471, diglicéridos E-472 y sucroglicéridos E-474).

Tipos de glicéridos:
- **Monoglicéridos:** Una sola molécula de ácido graso por cada molécula de glicerina.
- **Diglicéridos:** Dos moléculas de ácidos grasos por cada molécula de glicerina.
- **Triglicéridos:** Tres moléculas de ácidos grasos por cada molécula de glicerina.
- **Otros:** Por ejemplo, sucroglicéridos.

Informaciones adicionales:
- Los triglicéridos son, con diferencia, los más abundantes en la naturaleza.

Utilizaciones generales:
En la industria alimentaria: Muy utilizados en cremas (emulsionar y estabilizar), mayonesas (emulsionar y estabilizar), chocolates (fluidificar), panes (alargar la esponjosidad), natas (estabilizante), etc.
En restauración: En experimentación.

Glicerina (E-422)

composición de los alimentos - alcoholes
aditivos - estabilizantes
aditivos - humectantes

¿Qué es? Componente de la estructura de muchos lípidos, también llamada glicerol, utilizada como aditivo estabilizante y humectante.

Informaciones adicionales:

- Son importantes sus derivados con uniones con ácidos grasos que se denominan glicéridos (en los lípidos) y llamados habitualmente grasas, dentro de los cuales podemos citar los triglicéridos como los más importantes. Los animales y muchos vegetales los sintetizan de forma natural.
- También interviene como componente de otros lípidos, como la lecitina (fosfolípido).

Utilizaciones generales:

- **En industria alimentaria:** Como humectante en diferentes productos.
- **En restauración:** En experimentación.

Glicirricina

composición de los alimentos - hidratos de carbono

¿Qué es? Producto que pertenece al grupo de las saponinas, formado fundamentalmente por cadenas de hidrato de carbono.
¿De dónde proviene? / ¿Cómo se obtiene? Extracción a partir de productos vegetales.
Presentación: Producto en polvo.

Informaciones adicionales:

- Da las propiedades organolépticas básicas del regaliz.
- Tiene propiedades espumantes.
- En proporción baja, como en el regaliz, no ocasiona ningún problema en el organismo, pero como producto individualizado es tóxico.

Utilizaciones generales:

- **En industria alimentaria:** Se utiliza como edulcorante y aromatizante en farmacia y como agente espumante en bebidas no alcohólicas.
- **En restauración:** Indirectamente a través del uso del regaliz, para obtener elaboraciones aéreas.

Glucanos

¿Qué son? Grupo de productos de hidratos de carbono complejos (polisacárido) formados exclusivamente por cadenas de glucosa.

Informaciones adicionales:
En este grupo se pueden distinguir como más importantes:
* Amilosa y amilopectina (componentes del almidón).
* Glucógeno.
* Celulosa.

Véase Amilopectina, Amilosa, Celulosa, Glucógeno

Glúcido
Véase Hidratos de carbono

Glucógeno

¿Qué es? Hidrato de carbono complejo (polisacárido) digerible, de la familia de los glucanos.

Informaciones adicionales:
* Es una molécula formada por millones («paquete») de moléculas de glucosa que el organismo animal utiliza como reserva energética.
* Los azúcares ingeridos con los alimentos se convierten en glucógeno con la ayuda de la insulina. Se acumulan en el hígado y en los músculos, y cuando se necesita glucosa libre, una enzima se encarga de descomponer el glucógeno en glucosa («desempaquetar»).
* Es el producto de reserva energética de los animales. Tiene una estructura similar a la amilopectina del almidón, aunque más ramificado; es perfectamente digerible y lo consumimos al comer carne animal, sobre todo en el hígado.

Gluconato de calcio

Véase Sales de calcio

Gluconolactato de calcio

Véase Sales de calcio

Glucosa

composición de los alimentos - hidratos de carbono

¿Qué es?

- **Científicamente:** Hidrato de carbono simple (monosacárido) tipo azúcar, utilizado como edulcorante. Conocido en gastronomía e industria alimentaria con el nombre de dextrosa.
- **Gastronómicamente:** Nombre utilizado para designar al jarabe de glucosa.

¿De dónde proviene? / ¿Cómo se obtiene? Extracción a partir de fruta, miel, etc. industrialmente a partir del almidón.

Presentación: Producto en polvo.

Informaciones adicionales:

- Su poder edulcorante es de unas 0,5-0,8 veces el azúcar (sacarosa).
- Es preciso evitar confundirla con la glucosa utilizada en cocina, que es glucosa jarabe.

Utilizaciones generales:

- **En industria alimentaria:** Confitería, bebidas, chicles, mermeladas, edulcorante para diabéticos.
- **En restauración:** En elaboraciones dulces.

Dosificación y modo de empleo:

- **Dosificación básica en cocina:** QS.
- **Modo de empleo:** Mezclar directamente con los ingredientes.

Glucosa jarabe

composición de los alimentos - hidratos de carbono

¿Qué es? Mezcla de hidratos de carbono formada por glucosa (dextrosa), maltosa, triosa y otros hidratos de carbono superiores, y utilizada como edulcorante.
¿De dónde proviene? / ¿Cómo se obtiene? De la ruptura de las cadenas de almidón.
Presentación: Producto líquido espeso o en polvo (glucosa atomizada).

Informaciones adicionales:
- Poder edulcorante: unas 0,3-0,5 veces el azúcar (sacarosa).
- Los jarabes de glucosa deben tener, según la UE, un mínimo de 20 DE (dextrosa equivalente).
- Inicialmente, los jarabes de glucosa eran de 38 DE, pero actualmente, con el uso de enzimas de ruptura, se pueden encontrar los siguientes tipos:
  - Jarabes de baja conversión, entre el 20 y el 38 DE. Ejemplo: elaboraciones tipo caramelo.
  - Jarabes de regular conversión, entre el 38 y el 55 DE. El producto más empleado en cocina es el DE 35-40. Ejemplo: caramelos de goma (gominolas).
  - Jarabes de alta conversión, entre el 55 y el 80 DE (que tienen una cierta proporción de fructosa). Ejemplo: elaboración de *marshmallows*.

Utilizaciones generales:
- **En industria alimentaria:** Confitería, bebidas, chicles, mermeladas, etc.
- **En restauración:** En elaboraciones dulces.

Dosificación y modo de empleo:
- **Dosificación máxima tolerada:** QS.
- **Dosificación básica en cocina:** En función de la elaboración, en algunas puede formar casi el 100 % del producto.
- **Modo de empleo:** Mezclar directamente los ingredientes y llevar a la temperatura propuesta.

Glutamato (E-621)

aditivos - potenciadores de sabor

¿Qué es? Aditivo derivado del aminoácido ácido glutámico (GLU), utilizado como potenciador del gusto de los alimentos, sobre todo de las carnes.
¿De dónde proviene? / ¿Cómo se obtiene? Extracción de las proteínas animales o vegetales y neutralización para pasar de ácido glutámico a glutamato.

Informaciones adicionales:
- El más utilizado es el glutamato de sodio o glutamato monosódico (E-621), abreviado con las siglas MSG (monosodium glutamate).
- Muy empleado en las cocinas china y japonesa.
- Producto asociado a un gusto todavía controvertido (umami), considerado uno de los gustos básicos en algunas culturas orientales.
- El guanilato y el inosinato son productos parecidos utilizados en la industria de aromas alimentarios.

Utilizaciones generales:
- **En industria alimentaria:** Para aumentar el sabor de caldos, carnes, etc.
- **En restauración:** Su utilización en la cocina occidental no es habitual.

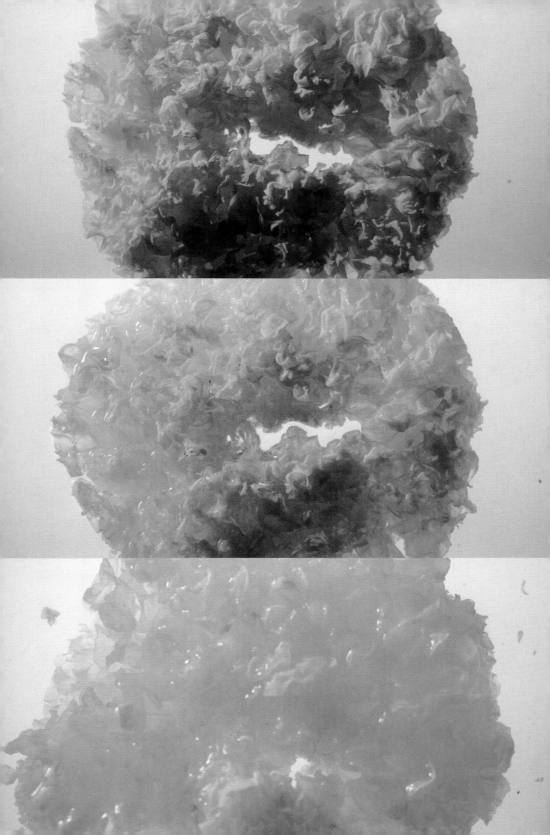

Hidratos de carbono

¿Qué son? Compuestos bioquímicos que aportan energía o fibra al organismo.

Informaciones adicionales:
- También denominados carbohidratos o glúcidos.
- Están constituidos por carbono, hidrógeno y oxígeno.
- Los hidratos de carbono simples (monosacáridos) y dobles (disacáridos) dan gusto dulce, y en estos dos subgrupos se los denomina azúcares.
- Los hidratos de carbono más complejos se pueden dividir en:
  - Digeribles pero que no tienen gusto dulce (almidones).
  - No digeribles y también sin gusto dulce (fibra, celulosa).

Hidratos de carbono			
Simples (monosacáridos)			
Dobles (disacáridos)			
Triples (trisacáridos), cuádruples, etc.			
Complejos (polisacáridos)	Digeribles		
	Fibras	Insolubles en agua	Celulosa
			Lignina
		Solubles en agua	Gomas
			Pectinas

Hidrocoloide

¿Qué es? Proteína o hidrato de carbono complejo (polisacárido) que tiene la capacidad de atrapar agua, provocando la formación de geles, o de espesar un producto licuado o líquido.

Ejemplos: Hojas de gelatina de colas de pescado (proteínas), agar-agar (hidrato de carbono), pectina (hidrato de carbono), etc.

Hidrófilo

¿Qué es? Producto que tiene tendencia a unirse al agua, soluble, pues, en este elemento. Ejemplos: sal (cloruro de sodio), azúcar (sacarosa).

Informaciones adicionales:
- También se llama hidrófila a una molécula o parte de una molécula que tiene afinidad por el agua. Ejemplo: la lecitina tiene una parte que es soluble en agua.
- Un producto hidrófilo es lipófobo, es decir, no afín a las grasas.

Hidrófobo

conceptos científicos

¿Qué es? Producto que no es afín al agua y, por lo tanto, es insoluble en agua. Ejemplos: grasas, aceites, etc.

Informaciones adicionales:
- También se denomina hidrófoba a una molécula o parte de una molécula que no tiene afinidad por el agua. Ejemplo: la lecitina tiene una parte no soluble en agua.
- Un producto hidrófobo es lipófilo, es decir, afín a las grasas.

Hidrogenación

procesos físicos o químicos

¿Qué es? Reacción que tiene lugar en presencia de hidrógeno.

Informaciones adicionales:
- La hidrogenación es el procedimiento industrial para endurecer grasas, basado en la transformación de los ácidos grasos insaturados en saturados.
- Ejemplo: aceites vegetales hidrogenados para convertirlos en margarinas. Normalmente se hidrogena entre un 15 y un 25 % del total posible.

Hidrólisis

procesos físicos o químicos

¿Qué es? Proceso por el que una sustancia compleja se descompone químicamente por acción del agua. Este efecto es favorecido por los ácidos y algunas enzimas.

Ejemplos:
- Las grasas pueden liberar, por adición de agua, ácidos grasos, y ello significa gusto y olor desagradable (rancio) a causa de estos compuestos. Ello se produce con el tiempo o con algunas enzimas que pueden acelerar el proceso.
- La hidrólisis del azúcar al añadir un ácido (por ejemplo, zumo de limón). El azúcar se rompe dando glucosa (dextrosa) y fructosa. El producto obtenido es una mezcla de glucosa (dextrosa) y fructosa, y se denomina azúcar invertido. En la industria alimentaria, utilizado en la caramelización del azúcar para flanes y otras aplicaciones, proporciona un mejor control al obtener azúcares (dextrosa y fructosa) que caramelizan a una temperatura más alta.

Hielo seco
Véase Dióxido de carbono

¿Qué es? Elemento químico, componente de algunas sales minerales, presentes en la mayoría de los alimentos en mayor o menor porcentaje, que se utiliza como complemento alimentario.

¿De dónde proviene? / ¿Cómo se obtiene? Extracción de productos alimentarios: sales minerales.

Informaciones adicionales:
- Su presencia en proteínas tan importantes como la hemoglobina (proteína transportadora del oxígeno para la sangre) lo convierte en un elemento importante, y su ausencia provoca anemia.
- Este hierro muchas veces no está disponible (no absorbible por el organismo). La vitamina C (ácido ascórbico) favorece la disponibilidad (absorción) del hierro. Por esta razón, tradicionalmente se han elaborado combinaciones destinadas a provocar esta absorción.

Ejemplos de alimentos	Porcentaje de hierro
Hígado de cerdo	22 mg por cada 100 g
Riñones	10 mg por cada 100 g
Ostras	5,5 mg por cada 100 g
Huevos	2,7 mg por cada 100 g
Sardinas	2,5 mg por cada 100 g
Dátiles secos	2,5 mg por cada 100 g
Legumbres	6,7 mg por cada 100 g

Higroscopicidad

conceptos científicos

¿Qué es? Propiedad de algunos productos de retener y absorber humedad.

Informaciones adicionales:
- Los hidratos de carbono tipo azúcares son higroscópicos, y ello puede crear problemas a la hora de trabajarlos con humedades elevadas (forman grumos).
- Si establecemos una relación de menor a mayor higroscopicidad de azúcares, contaremos con:
  - Sacarosa (poco) - jarabes de glucosa (medianamente) - dextrosa o glucosa (bastante) - fructosa (mucho).
- Hay otros productos higroscópicos que no son hidratos de carbono (por ejemplo, la sal).

Hipoclorito de sodio
Véase Lejía

HLB (Balance hidrófilo/lipófilo)

conceptos científicos

¿Qué es? Número que nos indica si un emulsionante se debe aplicar en base acei-te (entre 0-10) o bien en base agua (entre 10 y 20).

Informaciones adicionales:
- Por ejemplo, un emulsionante monoglicérido HLB 3 se debe mantener disuelto en aceite o grasa y aplicarlo. Si intentamos disolverlo en agua directamente, no podremos hacer la emulsión. En cambio, un emulsionante sucroéster de 16 se disuelve en agua y se puede aplicar.
- Escala del 0 al 20 característica de los emulsionantes que nos permite cono-cer su función y, por lo tanto, su aplicación en casos concretos:

HLB	Tipo de producto
De 0 a 2	Antiespumantes
De 3 a 6	Emulsionantes que generan una emulsión fase externa aceite (W/O)
De 7 a 9	Humectantes
De 8 a 18	Emulsionantes que generan una emulsión fase externa agua (O/W)
De 13 a 15	Detergentes
De 16 a 20	Solubilizantes de aceites en agua

Homogeneizador

tecnología – aparatos

¿Qué es? Aparato que permite homogeneizar una suspensión coloidal.

Informaciones adicionales:
- Muy utilizado para las suspensiones de hidrocoloides en agua.
- Se basa en la rotación con varillas de diferentes tipos, según los productos a homogeneizar.

Homogeneizar

procesos físicos o químicos

¿Qué es? Procedimiento para uniformizar una mezcla de sustancias que están en suspensión o emulsión coloidal.

Ejemplo: Leche homogeneizada, que se consigue haciendo pasar el producto por orificios de diámetro muy reducido para romper los glóbulos de grasa y ha-cerlos muy pequeños.

Hongos

conceptos científicos

¿Qué son? Uno de los reinos en los que se dividen los seres vivos. Incluye levaduras, mohos, setas, etc.

Informaciones adicionales:
- Utilizados para consumir directamente en el caso de las setas (no todas son comestibles) o para provocar fermentaciones, como en el caso de las levaduras.
- También se entiende por hongos los mohos que se producen en los alimentos y que detectan su estado de putrefacción, por ejemplo en el queso.

Humectante

conceptos alimentarios

¿Qué es? Producto que impide la desecación de los alimentos, reteniendo el agua y contrarrestando el efecto de un ambiente seco.

Informaciones adicionales:
- Permite también la dispersión rápida en un líquido de un producto en polvo, sin que forme grumos.
- En productos alimentarios industriales se utilizan com humectantes algunos fosfatos, como el E-343 o bien los malatos (derivados del ácido málico) E-350 a 352.
- Algunos edulcorantes del tipo poliol también son humectantes: lactitol, maltitol y sorbitol. Estos productos se pueden utilizar en las cocinas para evitar resecamientos de productos en croquetas, panes, etc.
- Una aplicación específica en panes es la aplicación de monoglicéridos y diglicéridos (E-471) a fin de evitar el resecamiento del pan de molde o cualquier otro, ya que estos productos rodean las cadenas de amilosa del almidón y evitan que el agua se libere (evitan la retrogradación del almidón).

Humedad relativa (HR)

conceptos científicos

¿Qué es? Grado de humedad ambiental expresada en tanto por ciento respecto a la humedad máxima que es del 100 %, a una temperatura determinada.

Informaciones adicionales: Se mide con aparatos llamados higrómetros. Es importante saber la humedad relativa en la que se está trabajando en las cocinas, porque puede afectar al producto final, por ejemplo con el trabajo de crocants, caramelos, etc.

Ingrediente (Alimentario)

conceptos alimentarios

¿Qué es?
- **Científicamente:** Todo producto simple (formado por un solo componente) que interviene en la composición de un alimento.
- **Gastronómicamente:** Producto que interviene en una elaboración o un plato.

Inorgánico

Véase Compuesto químico

Ión

conceptos científicos

¿Qué es? Átomo o grupo de átomos con carga eléctrica, positiva o negativa.

Informaciones adicionales:
- Los iones positivos también se denominan cationes. Por ejemplo: el ión sodio, calcio, etc.
- Los iones negativos también se denominan aniones. Por ejemplo: el ión cloruro, nitrato, sulfito, etc.

Ionización

procesos físicos o químicos

¿Qué es? Método de conservación basado en la aplicación sobre los productos de rayos muy energéticos que eliminan los posibles microorganismos o cualquier otro ser vivo que pueda provocar la descomposición del alimento.

Informaciones adicionales:
- Método muy utilizado en las aguas embotelladas y en determinados alimentos sin aditivos.
- El proceso casi no modifica las propiedades organolépticas, pero cambia algunas moléculas, como la vitamina A.

Iota (E-407)

¿Qué es? Hidrato de carbono tipo fibra, utilizado como aditivo espesante, estabilizante y gelificante. Por sus propiedades es un hidrocoloide.

¿De dónde proviene? / ¿Cómo se obtiene? Extraído de algas rojas. *Véase* Carragenatos.

Presentación: Producto en polvo.

Informaciones adicionales:
- Forma geles de tipo blando, cohesivo (no se disgrega fácilmente) y elástico (puede estirarse). Es termorreversible (gel-no gel en función de la temperatura).
- Se puede utilizar su propiedad suspensora, es decir, colocar sólidos en la masa gelificada y los aguanta perfectamente.
- Además, es prácticamente el único gel tixotrópico, es decir, que si se destruye, se va reconstituyendo con el tiempo. Por ello se utiliza en flanes y otros gelificados que deben ser trasladados y pueden tener problemas de destrucción del gel.

Utilizaciones generales:
- **En industria alimentaria:** Lácteos, natas, helados y sobre todo flanes. Chicles y comprimidos con propiedades refrescantes.
- **En restauración:** En experimentación.

Caramelo elaborado con isomaltitol

¿Qué es? Producto artificial del grupo de los polioles, utilizado como aditivo edulcorante y humectante.

¿De dónde proviene? / ¿Cómo se obtiene? Por síntesis (reacciones químicas) de la sacarosa.

Presentación: Producto en polvo o granulado.

Informaciones adicionales:

- Dulzor: 0,5 veces el azúcar (sacarosa).
- Se ha utilizado en restauración por su gran estabilidad en humedades ambientales, problema importante en otros productos relacionados con el dulce.
- Es estable a altas temperaturas (150 °C). Esta propiedad lo hace apropiado para productos dulces sin aportación del color típico de los caramelos quemados.
- Su aportación energética es baja (productos llamados acalóricos) y, por lo tanto, se utiliza en los denominados caramelos sin azúcar (*sugar free*).
- Puede tener efecto laxante en concentraciones superiores a 60 g/kg.
- Es muy importante para las aplicaciones su tendencia poco higroscópica. Es prácticamente el único poliol utilizado en restauración, desde mediados de la década de 1990.

Utilizaciones generales:

- **En industria alimentaria:** Confitería, caramelos, chicles, mermeladas, edulcorante para diabéticos, conservador de la textura.
- **En restauración:** Caramelos y, en general, elaboraciones de pastelería.

Dosificación y modo de empleo:

- **Dosificación máxima tolerada:** QS.
- **Dosificación básica en cocina:** En sustitución del azúcar, la cantidad necesaria.
- **Modo de empleo:** Se mezcla con los demás azúcares, si es preciso, y se lleva a la temperatura indicada según la preparación.

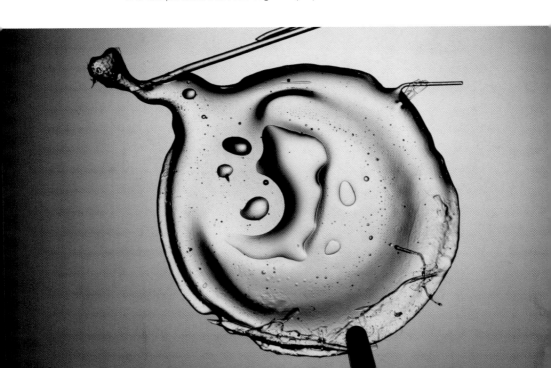

Kappa (E-407)
aditivos - espesantes
aditivos - estabilizantes
aditivos - gelificantes

¿Qué es? Hidrato de carbono tipo fibra, utilizado como aditivo espesante, estabilizante y gelificante. Por sus propiedades es un hidrocoloide.

¿De dónde proviene? / ¿Cómo se obtiene? Extraído de algas rojas. *Véase* Carragenatos (o Carragenanos o Carragheens) (E-407).

Presentación: Producto en polvo.

Informaciones adicionales:
- Forma geles de tipo duro, fuerte y quebradizo. Es termorreversible (gel-no gel en función de la temperatura).
- Una de sus características más importantes para aplicación en la cocina es la gran rapidez en formar el gel cuando se baja la temperatura; ello permite napados, es decir, recubrimientos gelificados de otros productos.
- Se utiliza también su propiedad de unirse con la caseína (proteína de la leche) para estabilizar suspensiones de cacao con leche, para que el polvo de cacao no quede en el fondo del recipiente.
- Presenta un poco de sinéresis (pérdida de agua) una vez se ha formado el gel. La cantidad se puede reducir añadiendo goma garrofín, que también dará más dureza al gel.

Utilizaciones generales:
- **En industria alimentaria:** Napados, suspensiones de batidos de cacao, confituras bajas en calorías, postres lácteos, natas y helados. Retención de agua en carnes, pescados y productos cocidos.
- **En restauración:** En experimentación.

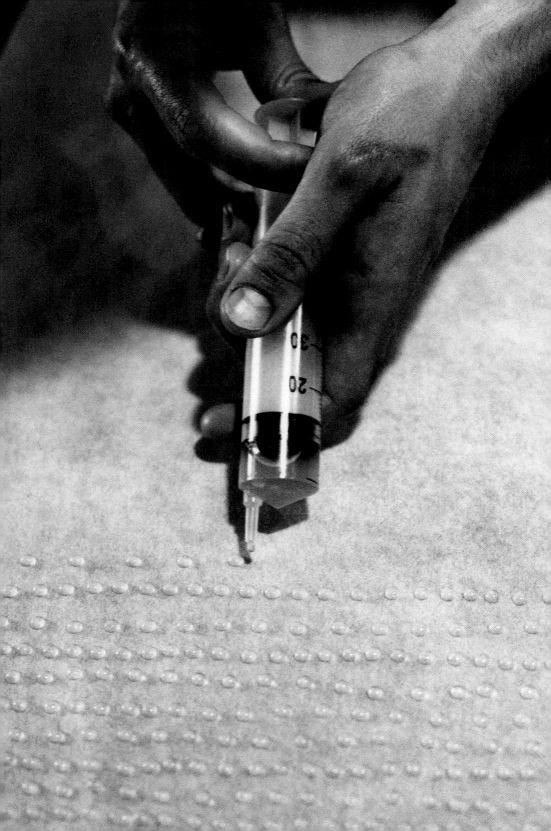

¿Qué es? Hidrato de carbono tipo fibra utilizado como aditivo espesante, estabilizante y gelificante. Por sus propiedades es un hidrocoloide.

¿De dónde proviene? / ¿Cómo se obtiene? Por exudación del árbol *Sterculia urens* (India, China).

Presentación: Producto en polvo.

Informaciones adicionales:

Es muy poco soluble, pero da soluciones muy viscosas, estables a pH bajos y resistentes a los tratamientos térmicos y a la congelación. En España se utiliza muy poco.

Utilizaciones generales:

- **En industria alimentaria:** Estabilizante en merengues y aireados, helados, sorbetes y granizados.
- **En restauración:** En experimentación.

¿Qué es? Hidrato de carbono tipo fibra utilizado como aditivo gelificante y espesante. Por sus propiedades es un hidrocoloide.

¿De dónde proviene? / ¿Cómo se obtiene? Por molienda del tubérculo asiático *Amorphophalus konjac*, empleado en su lugar de origen como alimento.

Presentación: Producto en polvo.

Informaciones adicionales:

- Su uso está prohibido en golosinas para niños a causa de los problemas que ocasionaron unas gelatinas chinas, sobredosificadas con konjac y que, al hincharse con la saliva, causaron obstrucciones respiratorias.
- Muy utilizado en la cocina oriental, sobre todo en Japón.

Utilizaciones generales:

- **En industria alimentaria:** Pastas de sopa, productos reestructurados (cárnicos...), reemplazante de grasa, etc.
- **En restauración:** En experimentación.

Perlas de cítricos, conseguidas con kappa.

¿Qué es? Mezcla líquida cuyo componente principal es el hipoclorito de sodio, que evita la proliferación de microrganismos en la alimentación y, en consecuencia, las posibles infecciones.

Informaciones adicionales:
- Unas gotas de lejía diluida en agua en la cáscara de los huevos evita la salmonelosis.
- Unas gotas de lejía en el agua de lavar la verdura evita infecciones por microorganismos.
- Tradicionalmente se ha utilizado para potabilizar las aguas.
- Existen lejías comerciales diseñadas para productos alimentarios.

Utilizaciones generales:
- **En industria alimentaria:** Desinfectante.
- **En restauración:** Desinfectante.

Dosificación y modo de empleo:
- **Dosificación máxima tolerada:** QS.
- **Dosificación básica en cocina:** 2-3 ml por litro de agua. Sólo como elemento desinfectante, sobre todo en verdura, fruta y huevos.
- **Modo de empleo:** Añadir la lejía al agua y hacer pasar por el alimento que se quiere desinfectar. Lavar posteriormente con agua clara.

Levadura

conceptos científicos

¿Qué es? Nombre que se da a un grupo de hongos unicelulares muy abundantes en la naturaleza, que se usan para producir fermentaciones. *Véase* Hongos.

Informaciones adicionales:
- En alimentación interesan las levaduras capaces de hacer fermentar masas, las que tienen la capacidad de hacer fermentar azúcares, produciendo alcohol y gas carbónico, las que producen la fermentación de la cerveza, etc.
- Las más importantes y casi únicas son el tipo sacaromicetos. Este nombre deriva del griego *sakchar*, que significa azúcar, y de *mykes*, que significa hongo. Están implicadas en procesos de fermentación que permiten la fabricación de pan y bebidas alcohólicas. En el proceso se produce un desprendimiento de dióxido de carbono que da la esponjosidad a las masas de pan y el gas disuelto en algunas bebidas.

Tipos de levaduras más importantes *Véase* Microorganismo (o Microbio).

Levadura química

conceptos alimentarios

¿Qué es? Producto a base de un carbonato o bicarbonato más un ácido que, al reaccionar entre sí, producen gas carbónico (dióxido de carbono) y, por lo tanto, un resultado final comparable con la levadura clásica, evidentemente sin fermentación.

Informaciones adicionales:
- Se utiliza para esponjar masas harinosas (bizcochos, magdalenas).
- También conocido con el nombre de «impulsor».

Levulosa
Véase Fructosa

Liofilización

procesos físicos o químicos

¿Qué es? Técnica que consiste en una deshidratación por sublimación (paso directo de sólido a gas) que se efectúa en un recipiente en el que se ha hecho el vacío.

Informaciones adicionales:
- Las bajas temperaturas evitan alteraciones en el producto y también pérdidas de componentes volátiles, lo cual es muy útil en la alimentación para la conservación de gustos y aromas.
- El coste del liofilizador es elevado y, por lo tanto, no se suele aplicar en la cocina, pero sí en la industria alimentaria en productos que requieren la conservación de aromas y cuando otro método es desaconsejable. Muy utilizado en la industria farmacéutica.

Utilizaciones generales:
- **En industria alimentaria:** Fruta, hierbas aromáticas, especias, café, verduras, leche, o incluso elaboraciones como las usadas en expediciones en las que se requiere una reducción importante de peso. En el caso de la astronáutica es el procedimiento más utilizado.
- **En restauración:** En experimentación.

Liofilizador

tecnología - aparatos

¿Qué es? Aparato que permite deshidratar productos y elaboraciones por sublimación (paso directo de sólido a gas).
¿Cómo funciona? Una vez se coloca el producto en el aparato, éste sublima el agua a baja temperatura (−50 °C a −80 °C), en un vacío casi total, sin que pierda sabor.

Informaciones adicionales:
- Para realizar su función, el liofilizador contiene:
  - Compresor frigorífico.
  - Bomba de vacío.
  - Condensador.
  - Sistema de control totalmente automatizado.

Aparte de su función básica (liofilizar), también puede reducir (extraer parcialmente agua de un alimento o mezcla de alimentos).

Véase Liofilización

Espuma de pistacho liofilizada a la que se añade agua para rehidratarla.

Málico (Ácido) (E-296)

aditivos - reguladores de la acidez
composición de los alimentos – ácidos

¿Qué es? Ácido que se encuentra en un gran número de frutas y verduras, pero principalmente en las manzanas. Utilizado como aditivo regulador de la acidez.
¿De dónde proviene? / ¿Cómo se obtiene? De la fruta, especialmente de la manzana.
Presentación: Producto en polvo o cristalizado.

Informaciones adicionales:

- Habitualmente, cuando la fruta madura, el ácido málico se transforma en ácido tartárico.
- Aplicación como acidificante, por ejemplo, en la preparación de la *pâte de fruits*.
- Su acidez se ha utilizado para abrir las papilas gustativas, ya que otorga más sensibilidad a otros gustos.

Utilizaciones generales:

- **En industria alimentaria:** Mermeladas, jaleas, bebidas refrescantes, conservas de frutas y verduras, etc.
- **En restauración:** En experimentación.

Maltitol (E-965)

aditivos - edulcorantes
aditivos - humectantes

¿Qué es? Aditivo artificial del grupo de los polioles, utilizado como edulcorante y humectante.
¿De dónde proviene? / ¿Cómo se obtiene? Por síntesis en la industria química, a partir de la maltosa que se obtiene del almidón.
Presentación: Producto en polvo y en disolución (jarabe de maltitol).

Informaciones adicionales:

Poder edulcorante: 0,8 veces el azúcar (sacarosa).

Utilizaciones generales:

- **En industria alimentaria:** Chocolate, caramelos, chicles, galletas (en la masa para sustituir a la sacarosa), etc.
- **En restauración:** No tenemos constancia.

A alta temperatura, los hidratos de carbono reaccionan con las proteínas y forman unos compuestos característicos. En la carne, son los responsables de la corteza marronosa que, si la cocción es adecuada, permite mantener la jugosidad.

Maltodextrina

¿Qué es? Hidratos de carbono resultantes de la ruptura de las moléculas de almidón.

¿De dónde proviene? / ¿Cómo se obtiene? Por tratamiento fisicoquímico a partir de los almidones (de trigo, de maíz, de tapioca, etc.).

Presentación: Producto en polvo.

Informaciones adicionales:

- Según la normativa, se denominan maltodextrinas cuando tienen un índice de dextrosa equivalente inferior a 20. Así, puede haber maltodextrina de diferentes DE. Ejemplo: 18 DE, 16 DE, etc.
- Da un gusto un poco dulce a causa de la ligera presencia de azúcares (monosacáridos y disacáridos) en su composición (0,1-0,2 veces el poder edulcorante del azúcar). Ejemplo: maltodextrina DE 15 significa que el 15 % son azúcares reductores, es decir, fundamentalmente monosacáridos y disacáridos.

Utilizaciones generales:

- **En industria alimentaria:** Como agente de carga (aumentar el volumen del alimento sin variar sustancialmente los elementos organolépticos).
- **En restauración:** En experimentación.

Maltosa

¿Qué es? Hidrato de carbono disacárido utilizado como edulcorante.

¿De dónde proviene? / ¿Cómo se obtiene? Por tratamiento fisicoquímico a partir de los almidones (de trigo, de maíz, de tapioca, etc.).

Presentación: Producto en polvo.

Informaciones adicionales:

- Poder edulcorante: 0,3-0,6 veces el azúcar (sacarosa).
- Está formada por la unión de dos moléculas de glucosa.

glucosa   glucosa   maltosa

- No se fabrica comercialmente por sí sola, pero forma parte de jarabes de glucosa.

Utilizaciones generales:

- **En industria alimentaria:** Normalmente, en combinación con otros hidratos de carbono en los jarabes de glucosa, en la industria de los dulces.
- **En restauración:** No tenemos constancia de su utilización, sólo como componente del jarabe de glucosa.

¿Qué es? Producto artificial del grupo de los polioles utilizado como aditivo edulcorante.

¿De dónde proviene? / ¿Cómo se obtiene? Por síntesis en la industria química a partir de la fructosa o del azúcar invertido (mezcla de glucosa y fructosa).

Presentación: Producto en polvo.

Informaciones adicionales:
- Producto parecido al sorbitol. De hecho, se obtienen juntos.
- Poder edulcorante: 0,6 veces el dulzor del azúcar (sacarosa).

Utilizaciones generales:
- **En industria alimentaria:** Caramelos duros, comprimidos, chicles, reduce la «pegajosidad», también empleado como antiapelmazante por su poca tendencia a retener agua.
- **En restauración:** No tenemos constancia.

Manosa

composición de los alimentos - hidratos de carbono

¿Qué es? Hidrato de carbono simple (monosacárido) que forma parte de algunos hidrocoloides, como por ejemplo alginatos, goma garrofín, goma xantana, etc.

Materia

conceptos científicos

¿Qué es? Todo aquello que constituye físicamente el universo tal como lo conocemos.

Informaciones adicionales:
La materia se clasifica en **heterogénea** (en la que se pueden distinguir a la vista los diferentes componentes que la constituyen) y **homogénea** (en la que no se pueden distinguir a simple vista los componentes).

Clasificación de la materia		
Heterogénea		
Homogénea	Mezclas homogéneas	
	Sustancias puras	Compuestos químicos
		Elementos químicos

Matices gustativos (*Mouthfeels*)

percepciones organolépticas

¿Qué son? Notas gustativas determinadas y conocidas, sin contar los gustos básicos. Algunos tipos son: agrio, balsámico, astringente, rancio, yodado, ahumado, picante y metálico.

Melanina

composición de los alimentos - pigmentos y otros compuestos

¿Qué es? Pigmento oscuro presente en frutas y verduras cuando se vuelven marrones, así como en algunos animales.

Informaciones adicionales:
- En las tintas de calamar y sepia es el componente que determina su color y gusto.
- La piel de los mamíferos también produce este pigmento como protección contra las radiaciones solares.

Metilcelulosa (MC) (E-461)

aditivos - espesantes
aditivos – gelificantes

¿Qué es? Hidrato de carbono tipo fibra utilizado como aditivo gelificante y espesante. Por sus propiedades es un hidrocoloide.
¿De dónde proviene? / ¿Cómo se obtiene? Por reacción de adición de grupos metil a la celulosa de las plantas.
Presentación: Producto en polvo.

Informaciones adicionales:
Es termorreversible (gel-no gel en función de la temperatura), pero al revés que otros geles: gelificado en caliente (a partir de 50 °C) y líquido en frío.

Utilizaciones generales:
- **En industria alimentaria:** Flanes, budín, rellenos, bechameles, recubrimientos de pizzas, croquetas, etc.
- **En restauración:** En experimentación.

Nube de jugo de granadilla, obtenido gracias a la metilcelulosa.

Mucílago

conceptos alimentarios

¿Qué es? Nombre utilizado como sinónimo de hidrocoloide o goma alimentaria. En algunos alimentos (por ejemplo, el haba de cacao) se habla de capa mucilaginosa para designar la parte del haba capaz de absorber agua.

Musgo irlandés (*Irish moss*)

conceptos alimentarios

¿Qué es? Alga originaria de Carragheen (Irlanda) y que científicamente se denomina *Chondrus crispus*.

Informaciones adicionales:
- Este producto se ponía a hervir y producía un efecto gelificante.
- Este tipo de sustancias se llamaron carragheens o carragenatos por el nombre del pueblo en el que se emplearon por primera vez. Actualmente, todavía hay lugares en los que a los carragenatos (E-407) se les llama *Irish moss*.
- La industria alimentaria extrae a partir de ella carragenatos. *Véase* Carragenatos (o Carragenanos o Carragheens).

Nutracéuticos (Productos)

conceptos alimentarios

¿Qué son? Productos alimentarios intermedios que se añaden a los alimentos para contribuir, real o supuestamente, al mantenimiento de la salud de quien los consume.

Ejemplo: Leche con ácidos grasos Omega 3 para ayudar a reducir el colesterol.

Principales productos nutracéuticos	
Oligosacáridos	Colina
Ácidos grasos insaturados	Fosfolípidos
Péptidos	Bacterias lácteas
Glucósidos, isoprenoides	Vitaminas
Polifenoles	Minerales

Nutrición

conceptos científicos

¿Qué es? Función básica para los organismos vivos a fin de asegurar un desarrollo y crecimiento óptimo.

Nutriente

conceptos científicos

¿Qué es? Toda aquella sustancia que se encuentra en los alimentos, útil para el metabolismo orgánico, y perteneciente a los grupos genéricamente denominados proteínas, hidratos de carbono, lípidos, minerales, vitaminas y agua, indispensables para un buen mantenimiento de la salud.

Informaciones adicionales:
Cuando hablamos de macronutrientes, nos referimos a los nutrientes que se encuentran en grandes cantidades en los alimentos (proteínas, lípidos o hidratos de carbono). En cambio, entenderemos como micronutrientes los que se encuentran en cantidades muy pequeñas (vitaminas, minerales).

Oligoelemento

conceptos científicos

¿Qué es? Elemento químico, necesario para el organismo, pero en cantidades muy pequeñas.

Informaciones adicionales:
Normalmente se necesita en forma de una sal mineral del elemento. Ejemplos: flúor, níquel, cobre, yodo, etc.

Oligosacáridos

composición de los alimentos - hidratos de carbono

¿Qué son? Son los hidratos de carbono formados por dos o más monosacáridos diferentes.

Informaciones adicionales:
- Los más importantes son la sacarosa y la rafinosa. *Véase* Sacarosa, Rafinosa.
- Se utilizan en la industria alimentaria como nutracéuticos.

Olor

percepciones organolépticas

¿Qué es? Sensación organoléptica producida por partículas volátiles al entrar en contacto con el órgano del olfato. *Véase* Volátiles

Omega 3

composición de los alimentos – lípidos

¿Qué son? Lípidos utilizados como productos nutracéuticos.

Informaciones adicionales:
- Se encuentran en alimentos como el pescado azul, las legumbres, los frutos secos, etc. Actualmente, y a causa de sus efectos preventivos en enfermedades coronarias (infartos, anginas de pecho...), se aíslan y se introducen en margarinas, leches, etc., como productos que reducen el colesterol.
- El nombre deriva de la última letra griega «omega», indicando con el número (3) la posición de la insaturación en la molécula de la grasa, que en este caso está a tres carbonos del final.

Orgánico
Véase Compuesto químico

Organoléptico

¿Qué es? Capacidad que tiene un alimento de producir un efecto en los sentidos (vista, olfato, tacto, gusto y oído), de manera que lo percibimos, lo distinguimos y lo apreciamos.

Papel de los sentidos en el acto de comer	
1) Vista	**5) Gusto**
formas y proporciones	**a) Percepción gustos primarios**
colores	dulce
disposición en el plato	salado
identificación del producto	ácido
identificación del estilo	amargo
«leer» un plato, etc.	umami (*Véase* Umami)
2) Olfato	**b) Percepción matices gustativos**
olor (productos, elaboraciones, condimentos)	agrio
3) Tacto	balsámico
temperaturas	rancio
texturas	yodado
4) Oído	picante, etc.
percepción de sonidos (crujientes, etc.)	**c) Sabor de los alimentos («gen»)**

Oro (E-175)

¿Qué es? Producto inorgánico mineral, utilizado como aditivo colorante recubridor.
¿De dónde proviene? / ¿Cómo se obtiene? Tratamiento físico de transformación del oro.
Presentación: Producto en polvo o en láminas.

Utilizaciones generales:
- **En industria alimentaria:** Cobertura y decoración en confitería y repostería.
- **En restauración:** Como colorante recubridor de productos y elaboraciones, aunque su uso es muy limitado.

Dosificación y modo de empleo:
- **Dosificación básica en cocina:** QS para el recubrimiento de la preparación.
- **Modo de empleo:** Con un pincel recubrir la superficie de la preparación. Se puede hacer una mezcla con agua o alcohol para facilitar el proceso.

Oro (E-171, E-172, E-555)

¿Qué es? Aditivo colorante recubridor formado por una mezcla de dióxido de titanio (E-171), óxidos de hierro (E-172) y silicato de aluminio y potasio (E-555).
¿De dónde proviene? / ¿Cómo se obtiene? Tratamiento fisicoquímico de transformación.
Presentación: Producto en polvo.

Informaciones adicionales:
A causa, sobre todo, del precio del oro, y con la misma denominación se elabora esta mezcla para simular el mismo efecto.

Utilizaciones generales:
- **En industria alimentaria:** Cobertura y decoración en confitería y repostería.
- **En restauración:** Como colorante recubridor de productos y elaboraciones.

Dosificación y modo de empleo:
- **Dosificación básica en cocina:** QS para el recubrimiento de la preparación.
- **Modo de empleo:** Con un pincel recubrir la superficie de la preparación. Se puede hacer una mezcla con agua o alcohol para facilitar el proceso.

¿Qué es? Proceso por el cual el agua pasa, a través de una membrana permeable, de una solución más diluida a una más concentrada, tendiendo a equilibrar las concentraciones a ambos lados de la membrana.

Informaciones adicionales:
- De forma natural, las membranas de las células que constituyen los tejidos animales y vegetales son permeables. Ello permite la continua absorción o eliminación de sustancias a través de la membrana.
- Al cocinar muchas veces se producen fenómenos osmóticos:

- **Ejemplo 1:** Cuando cocinamos una carne, un pescado u otros alimentos en un medio acuoso (un caldo, por ejemplo):
  - Si no añadimos sal (cloruro sódico) antes de la cocción, las sales y las sustancias aromáticas que hay en el alimento pasan al medio agua para equilibrar la concentración de sales en el interior y en el exterior. Resultado: el caldo será muy gustoso, pero el alimento más insípido.
  - Si añadimos sal antes de la cocción, las sales minerales y las sustancias aromáticas que están en el alimento no pasan al caldo o salsa porque el equilibrio entre el interior y el exterior ya se ha conseguido. Resultado: el alimento es gustoso y el caldo es pobre.

- **Ejemplo 2:** Al cocer carne de ternera a la plancha, si añadimos sal antes de la cocción, el agua del interior va hacia el exterior para equilibrar la concentración salina y queda una carne sin mucho líquido interior y, por lo tanto, reseca. Si, en cambio, no añadimos sal, el agua interior permanece dentro y la carne es más jugosa; añadiremos la sal después de la cocción. Evidentemente, todo ello está relacionado con el tiempo de cocción. Si estamos mucho tiempo cocinando, el alimento también acabará perdiendo los líquidos interiores por destrucción de las membranas y por simple evaporación.

- **Ejemplo 3:** El efecto osmótico ha permitido conservar tradicionalmente algunos alimentos. Añadir mucha sal o mucho azúcar a un alimento provoca la salida del agua interior de los microbios a través de su delicada membrana; en consecuencia, el microbio se colapsa y muere. Bacalao, anchoas o jamón curado son ejemplos del efecto de la sal. Una mermelada con más de un 50 % de azúcar ya no necesita otra protección contra los microbios.

- **Ejemplo 4:** Si ponemos fruta en agua, ésta entrará por ósmosis en el interior de las células de la fruta para igualar concentraciones de azúcares; las células acumulan agua y revientan. Si ponemos demasiado azúcar al agua, el efecto será inverso y la fruta quedará arrugada. Cabe buscar, pues, la concentración óptima para preparar la fruta en almíbar.

- **Ejemplo 5:** «Papas arrugás.» Son famosas las patatas cultivadas en Canarias en tierra volcánica y cocinadas aprovechando el efecto osmótico. Se cuecen en una cantidad de agua que cubre justo las patatas, y con mucha sal. El agua interior de las patatas sale al exterior para igualar la concentración de sal. Resultado: las patatas se arrugan y, al mismo tiempo, al evaporarse el agua superficial, queda un poco de sal cristalina en la piel.

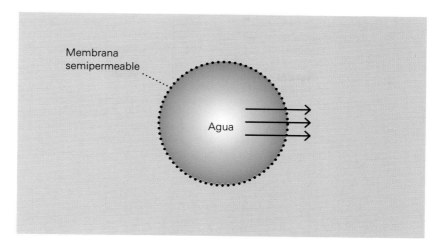

Cuando la concentración de sales, proteínas, hidratos de carbono u otros componentes es mayor en el exterior de una célula que en el interior, el agua tiende a ir hacia afuera a través de la membrana semipermeable para igualar las concentraciones.

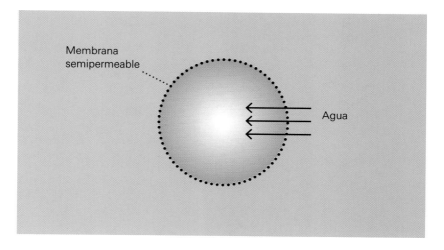

Cuando la concentración es mayor en el interior que en el exterior, el agua tiende a ir hacia adentro para igualar las concentraciones.

Ósmosis inversa

procesos físicos o químicos

¿Qué es? Fenómeno por el cual se produce un tránsito de agua a través de una membrana, pero, al contrario de la ósmosis, dicho tránsito se produce desde la parte líquida de mayor concentración a la de menor concentración.

Informaciones adicionales:
- Este proceso tiene lugar por efecto de una fuerte presión sobre la disolución menos concentrada, para producir el efecto contrario al natural.
- Ejemplos de aplicación: Desalado del agua de mar, eliminación de la cal en las aguas domésticas, concentración de jugos y zumos de fruta, etc.

Ovoalbúmina

composición de los alimentos - proteínas

¿Qué es? Proteína mayoritaria de la clara de huevo con contenidos en fósforo e hidratos de carbono tipo manosa.

Informaciones adicionales:
- Tiene un fuerte poder gelificante (flan de huevo) y espumante (clara montada).
- Otras proteínas de la clara son: ovoglobulina, ovomucina, ovomucoide.

Véase Albúmina

Oxidación (Alimentaria)

procesos físicos o químicos

¿Qué es? Proceso por el que los alimentos, en contacto con el aire, van envejeciendo y perdiendo sus propiedades iniciales. Ello se debe a una pérdida de electrones por parte de una molécula o ión (átomo o grupo de átomos con carga eléctrica), que los cede a otra, cambiando las características de ambas.

Informaciones adicionales:

- En los fenómenos de oxidación no siempre interviene el oxígeno (ejemplo: la oxidación de las sales de hierro para que las aceitunas verdes se vuelvan negras).
- Culinariamente, el fenómeno oxidativo más importante es la oxidación de los triglicéridos (aceites y grasas), denominado enranciamiento, así como la de las frutas y verduras.
- La autooxidación es un proceso muy complejo en el que pueden intervenir muchos factores: luz, temperatura, metales, pigmentos y oxígeno. Los componentes más «débiles» de los triglicéridos frente a la autooxidación son los ácidos grasos insaturados, ya que tienen puntos (los enlaces dobles) en los que se puede formar un radical libre. El radical libre es extremadamente sensible al oxígeno, lo capta del aire y forma un radical peróxido que ataca a una molécula vecina para reiniciar el proceso. Es una reacción en cadena que va acumulando productos nocivos. No se producen olores o gustos extraños (como sí sucede en el fenómeno de la rancidez) que «avisen» del peligro.
- A fin de evitar la autooxidación, es preciso suprimir al máximo los factores que la favorecen: almacenar a oscuras, a baja temperatura, utilizar envases no metálicos o eliminar los dobles enlaces de los ácidos grasos insaturados por hidrogenación. Esta última técnica sería la más eficaz, pero los ácidos grasos insaturados son esenciales para una buena nutrición y es preciso preservarlos. En casos extremos, será preciso proteger al triglicérido con un aditivo antioxidante.
- La autooxidación provoca la pérdida de las vitaminas A, D y E, la de ácidos grasos esenciales y una disminución del valor nutritivo.

Óxido de calcio

Véase Cal

Oxígeno (E-948)

aditivos - gases

¿Qué es? Elemento. Gas componente del aire (21 %) y responsable de las oxidaciones alimentarias. Como aditivo (E-948) se utiliza para provocar oxidaciones intencionadas y controladas.

Utilizaciones generales:

- **En industria alimentaria:** Provocar oxidaciones que permitan envejecer grasas, por ejemplo en la industria cárnica. También como reactivo para obtener óxidos de hierro (E-172).
- **En restauración:** No tenemos constancia.

Papaína
Véase Enzimas

Papel indicador

tecnología - utensilios

¿Qué es? Tira de papel que permite analizar la composición o las características de un alimento.

¿Cómo funciona? Por acción de sustancias impregnadas en el papel que normalmente adoptan tonalidades diferentes según si hay una proporción u otra de un determinado componente.

Informaciones adicionales:
- Hay papeles indicadores de muchos tipos. Los más utilizados sirven para detectar:
  - La acidez (papel indicador de pH).
  - La dureza (básicamente indica la presencia de calcio y magnesio).

Utilizaciones generales:
- **En industria alimentaria:** Análisis de productos y control de calidad.
- **En restauración:** No tenemos constancia.

Pasteurización

procesos físicos o químicos

¿Qué es? Acción de someter un líquido a la acción de la temperatura para eliminar los microorganismos patógenos o reducir muy sensiblemente su cantidad.

Tipos de pasteurización:
- **Pasteurización LTLT:** A baja temperatura y largo tiempo. Ejemplo: 60-65 °C 20-40 minutos.
- **Pasteurización HTST:** A alta temperatura y menos tiempo. Ejemplo: 70-80 °C 15-30 segundos.

Informaciones adicionales:
- Es un proceso muy utilizado en la industria de los lácteos.
- Para que la pasteurización sea completa, es preciso llegar al corazón del producto.
- Un producto pasteurizado tiene una caducidad relativamente corta a causa del hecho de que no se eliminan, intencionadamente, todos los microorganismos (sólo los patógenos), pero de esta manera se conservan las características organolépticas del alimento.

¿Qué es? Hidrato de carbono complejo (polisacárido) tipo fibra soluble, que se utiliza como aditivo gelificante. Por sus propiedades es un hidrocoloide.

¿De dónde proviene? / ¿Cómo se obtiene? Constituyente de la pared de las células de los vegetales (protopectina).

Presentación: Producto en polvo.

Informaciones adicionales:

- El nombre deriva del griego *pektos*, que significa fuerte, sólido, firme.
- Se obtiene de la manzana o de la piel de limón u otros cítricos. Permite hacer mermeladas, dulce de membrillo, etc., con la ayuda imprescindible de azúcar y en algunas ocasiones un poco de ácido (por ejemplo, zumo de limón).
- Para su aplicación se precisa un medio ácido (pH inferiores a 3,8) y alta proporción de azúcares (a partir de 60 grados Brix).
- Da un gel termoirreversible, es decir, una vez formado se puede calentar incluso en el horno y ya no se destruye (a diferencia de la pectina LM).

Utilizaciones generales:

- **En industria alimentaria:** Mermeladas, confituras, productos de pastelería con base azúcar, confitería y productos lácteos.
- **En restauración:** *Pâte de fruits*, jaleas, mermeladas y pastelería en general.

Dosificación y modo de empleo:

- **Dosificación máxima tolerada:** Jugos, zumos y néctares de fruta: 3 g/l. QS en los otros casos.
- **Dosificación básica en cocina:** Del 1 %, es decir, 1 g por cada 100 g del líquido a gelificar (10 g por kg).
- **Modo de empleo:** Se mezcla por agitación y se calienta hasta ebullición. Es preciso añadir medio ácido. Inicia la gelificación entre 50-60 °C, pero muy rápidamente adquiere consistencia de gel. Una vez está gelificado, se puede servir caliente ya que es un gel irreversible. Si se busca un gel un poco más consistente, es preciso aumentar la dosificación.

¿Qué es? Hidrato de carbono complejo (polisacárido) tipo fibra soluble, que se utiliza como aditivo gelificante. Por sus propiedades es un hidrocoloide.

¿De dónde proviene? / ¿Cómo se obtiene? Constituyente de la pared de las células de los vegetales (protopectina).

Presentación: Producto en polvo.

Informaciones adicionales:

Véase Pectina HM

- Clasificación:
  - Pectinas LM amidadas (LA).
  - Pectinas LM convencionales (LM).
- Da un gel termorreversible, es decir, gel-no gel según la temperatura (a diferencia de la pectina HM).
- Gelifica en presencia de calcio u otras sales similares y no necesita azúcar ni ácido para actuar (a diferencia de la pectina HM). En algunos casos (lácteos e incluso algunas frutas) no requiere más calcio que el ya presente en los alimentos.

Utilizaciones generales:

- **En industria alimentaria:** Mermeladas, conservas vegetales, repostería, derivados de jugos y zumos de fruta.
- **En restauración:** En experimentación.

Péptido

¿Qué es? Nombre genérico de los compuestos formados por la unión de dos o más aminoácidos formando cadenas cortas.

Informaciones adicionales:

- Se denominan dipéptidos (dos aminoácidos), tripéptidos (tres) o polipéptidos (muchos). Es la estructura propia de las proteínas.
- Tienen poco valor en gastronomía, aunque se emplean en industria alimentaria como nutracéuticos.

Ejemplos:

- El aspartame es una unión de dos aminoácidos: ácido aspártico - fenilalanina.
- Se considera que es unas 180-200 veces más dulce que el azúcar (sacarosa), que es el producto que se utiliza como patrón.
- Otros edulcorantes de reciente desarrollo como el neotame, con los dos componentes del aspartame pero con otras uniones (unas 8.000 veces más dulce que el azúcar), y el alitame también tienen uniones de pocos aminoácidos con el ácido aspártico como componente básico (2.000 veces más dulce que el azúcar).
- Por lo tanto, si utilizamos uno de estos edulcorantes y se ha roto la unión (por envejecimiento, por efecto del calor, etc.), tendrán más bien un efecto amargante.
- Por otra parte, el ácido aspártico y la fenilalanina pueden formar parte de otras estructuras peptídicas o proteínas y no tener ningún tipo de efecto edulcorante.

pH

conceptos científicos

¿Qué es? Medida del grado de acidez de un producto en disolución acuosa.

Informaciones adicionales:
Es la abreviatura de «potencial hidrógeno» (porque se interpreta que es el ión hidrógeno «libre» el que produce el grado de acidez).

```
0-------------------------- 7--------------------------14
   Ácido           Neutro        Álcali o básico
```

Ejemplo: El zumo de limón tiene un pH entre 2,5-3, el agua tiene un pH 7, como el agua salada, el agua con bicarbonato tiene un pH entre 8-9.

pH-metro

tecnología - aparatos

¿Qué es? Aparato que permite medir la acidez de un producto.
¿Cómo funciona? Si se quiere calcular el pH de un líquido, se introduce el electrodo del pH-metro en este último (si se quiere calcular el pH de un sólido, se debe disolver en agua). El electrodo detecta la presencia de los iones que indican la acidez del producto. El pH-metro traduce esta acidez en un número, situado entre 0 y 14, que denominamos pH. *Véase* pH, Acidez.

Utilizaciones generales:
- **En industria alimentaria:** Análisis de productos y control de calidad. Control de la acidez del vino y otros productos.
- **En restauración:** En experimentación.

Pigmentos

conceptos científicos

¿Qué son? Productos que dan color al componente al que pertenecen.

Informaciones adicionales:
- Tienen un elevado poder colorante y buena estabilidad de este color.
- Muchos se pueden utilizar como colorantes. Ejemplo: melanina.

Pipeta

tecnología – utensilios

¿Qué es? Utensilio, generalmente de vidrio, utilizado para medir con exactitud volúmenes pequeños de líquidos.

Informaciones adicionales:
Las más habituales son de 1, 2, 5, 10 y 25 ml.

¿Qué es? Producto inorgánico mineral utilizado como aditivo colorante recubridor.
¿De dónde proviene? / ¿Cómo se obtiene? Tratamiento físico de transformación de la plata.
Presentación: Producto en polvo o láminas.

Utilizaciones generales:
- **En industria alimentaria:** Cobertura y decoración en confitería y repostería.
- **En restauración:** Como recubridor de productos y elaboraciones, aunque su uso es muy limitado.

Dosificación y modo de empleo:
- **Dosificación básica en cocina:** QS para el recubrimiento de la preparación.
- **Modo de empleo:** Con un pincel recubrir la superficie de la preparación. Se puede hacer una mezcla con agua o alcohol para facilitar el proceso.

Plata (E-171, E-555)

aditivos – colorantes

¿Qué es? Aditivo colorante recubridor formado por una mezcla de dióxido de titanio (E-171) y silicato de aluminio y potasio (E-555).
¿De dónde proviene? / ¿Cómo se obtiene? Tratamiento fisicoquímico de transformación.
Presentación: Producto en polvo.

Informaciones adicionales:
A causa, sobre todo, del precio de la plata, y con la misma denominación se elabora esta mezcla para simular el mismo efecto.

Utilizaciones generales:
- **En industria alimentaria:** Cobertura y decoración en confitería y repostería.
- **En restauración:** Como colorante recubridor de productos y elaboraciones.

Dosificación y modo de empleo:
- **Dosificación básica en cocina:** QS para el recubrimiento de la preparación.
- **Modo de empleo:** Con un pincel recubrir la superficie de la preparación. Se puede hacer una mezcla con agua o alcohol para facilitar el proceso.

Poise

conceptos científicos

¿Qué es? Unidad de medida de viscosidad.

Informaciones adicionales:
- Normalmente se utiliza la unidad derivada, el centipoise (cP). 1 P equivale a 100 cP.
- Actualmente se está adaptando al sistema internacional, en el que 1 cP equivale a 1 milipascal por segundo (mPa·s).
- Ejemplos: Para saber la fuerza de los espesantes se busca su viscosidad, que en el caso de la goma garrofín al 1 % (1 g de garrofín en 100 g de producto) es de 3.000 cP o mPa·s, y la de la goma arábiga también al 1 % es 5 cP o mPa·s.

Polifenoles (Alimentarios)

conceptos científicos

¿Qué son? Grupo o familia de productos cuyos componentes químicos básicos son grupos aromáticos similares a bencenos, y que dan una organoléptica y una coloración determinada a diferentes vegetales, sobre todo frutas.

Informaciones adicionales:
- Dentro de este grupo podemos distinguir los flavonoides.
- La mayoría de sus componentes actúan como antioxidantes naturales, y por ello se considera que son buenos para la salud.
- Ejemplos de alimentos que contienen polifenoles: Manzana, pera, fresa, uva, naranja, plátano, fruta de la pasión, etc.

Polifosfatos (E-452)

aditivos - estabilizantes
aditivos - reguladores de la acidez

¿Qué son? Aditivos que tienen una gran tendencia a coger agua, lo cual les da características de estabilizante.
¿De dónde provienen? / ¿Cómo se obtienen? A partir de minerales de fosfato sometidos a alta temperatura.
Presentación: Producto en polvo.

Informaciones adicionales:
- Cada molécula es una cadena de grupos fosfatos simples.
- Además de estabilizantes, se utilizan como secuestrantes para eliminar sales minerales no deseadas.

Utilizaciones generales:
- **En industria alimentaria:** El TPPS tripolifosfato de sodio, usado como secuestrante del calcio en la industria de lácteos, se puede aplicar, por ejemplo, con el alginato sin que gelifique inicialmente. Como estabilizante en sustancias denominadas sales fundentes. Añadidos a quesos permiten una uniformización de su fusión, por ejemplo, para las fondues. Para favorecer el reblandecimiento de productos cárnicos.
- **En restauración:** No tenemos constancia.

Polímero

conceptos científicos

¿Qué es? Molécula grande formada por la unión de centenares o miles de moléculas más pequeñas, llamadas monómeros, de forma repetitiva. Es un grupo importante de las denominadas macromoléculas.

Ejemplos:

Las proteínas son polímeros formados por cadenas de monómeros, en su caso aminoácidos.

Los polisacáridos son polímeros formados por cadenas de monómeros, en su caso monosacáridos.

¿Qué son? Grupo o familia de productos aditivos que pertenecen a los alcoholes y tienen un efecto edulcorante.

Informaciones adicionales:

Tienen amplias aplicaciones:

- Sustitución del azúcar (sacarosa), porque aportan menos calorías y no provocan caries.
- Algunos tienen propiedades humectantes: retrasan la pérdida de agua por evaporación.
- Crioprotectores: Actúan como anticongelantes, permitiendo rebajar la temperatura de los alimentos por debajo de 0 ºC sin que se forme hielo. También se aprovecha el efecto refrescante en la boca que tienen para chicles.
- El inconveniente común a todos los polioles es que pueden tener efecto laxante a partir de 60 g/kg.

Tipos de polioles	
Poliol	Poder edulcorante
Sorbitol (E-420)	0,6 veces la sacarosa
Manitol (E-421)	0,6 veces la sacarosa
Isomalt o isomaltitol (E-953)	0,5 veces la sacarosa
Maltitol (E-965)	0,8 veces la sacarosa
Lactitol (E-966)	0,3 veces la sacarosa
Xilitol (E-967)	1 vez la sacarosa

Polisacáridos

¿Qué son? Hidratos de carbono formados por muchos monosacáridos.

Informaciones adicionales:
- Se pueden representar así:

- Los azúcares simples (monosacáridos) que forman la cadena pueden ser iguales, como la celulosa (formada por glucosas), o diferentes, como la goma garrofín (formada por manosas y galactosas).
- Hay una gran diversidad de azúcares complejos (polisacáridos), y sus grandes dimensiones propician que tengan propiedades muy diferentes respecto a otros azúcares más pequeños (monosacáridos y disacáridos):
  - Disoluciones difíciles en agua.
  - Casi no tienen poder edulcorante.
  - No tienen poder conservante ni potenciador del gusto.
- En cambio, tienen las propiedades típicas de los hidrocoloides:
  - Espesantes y gelificantes.
- Los más importantes son de origen vegetal (almidón, alginatos, pectina, etc.), sólo el glucógeno es animal.
- Se clasifican en digeribles (por ejemplo, almidón) y fibras (por ejemplo, celulosa).

Véase Almidón, Fibras

Potasio

¿Qué es? Elemento químico metálico, siempre asociado en forma de sales a otros elementos (cloruro de potasio, sulfato de potasio, etc.). Es un complemento alimentario y posibilitador de procesos de gelificación.
¿De dónde proviene? De las sales minerales.

Informaciones adicionales:
- Imprescindible para los organismos vivos. Con un contenido en el organismo humano de unos 2 g por cada kg.
- Actúa regulando la ósmosis de las células y en activaciones de enzimas relacionadas con la cadena de reacciones de la respiración.
- Su consumo se produce sólo a través de los alimentos. Entre los que contienen más se encuentran: verduras (lentejas 0,8 %), frutas (albaricoque 0,3 %) y cereales (trigo 0,5 %).

Utilizaciones generales:
- **En industria alimentaria:** En forma de sales de potasio, tiene carácter secuestrante, es un regulador de la acidez, produce efectos gelificantes, etc.
- **En restauración:** No tenemos constancia.

Potenciador del sabor

¿Qué es? Producto que, añadido a un alimento, aumenta sus propiedades organolépticas, sobre todo del gusto.

Ejemplos: Sal (cloruro de sodio), azúcar, glutamato de sodio, etc.

Precipitación

¿Qué es? Acción gravitatoria por la cual un sólido situado en el interior de un líquido va cayendo a través de éste hasta quedar en la parte inferior.

Informaciones adicionales:
Esta acción se puede producir fundamentalmente de dos maneras:
- **Lenta:** Por reposo durante un tiempo normalmente largo.
- **Rápida:** Por centrifugación (aumento de la gravedad por rotación). *Véase* Centrífuga.

Ejemplos:
Pulpa de los jugos y zumos de fruta que se va depositando en el fondo. El cuajo de la leche que se ha formado por acción de ácidos o enzimas.

¿Qué es? Fuerza aplicada sobre una superficie. Este concepto se ha aplicado a procesos en cocina que se realizan normalmente en agua en el interior de recipientes cerrados.

Informaciones adicionales:

Las aplicaciones pueden conducir a aumentar la presión (proceso a alta presión) o a reducirla (proceso a baja presión).

Proceso a alta presión:

- Se realiza mediante un recipiente cerrado herméticamente, con válvula de seguridad (olla a presión).
- Al calentar el agua, el vapor no puede escapar fácilmente del recipiente y se crea una presión superior a la presión atmosférica normal.
- Esta sobrepresión propicia que al agua que hierve a unos 100 °C a presión atmosférica le cueste más hervir y lo haga a entre unos 115 y 130 °C, según el recipiente. Ello se debe al hecho de que las ollas están diseñadas con un dispositivo de seguridad que elimina en parte la presión interior, a fin de evitar accidentes domésticos importantes.
- El hecho de aumentar 30 °C la temperatura de cocción acelera las reacciones que se producen, aproximadamente 3 veces. Por lo tanto, el tiempo de cocción es apreciablemente inferior al normal.
- En esta cocción se produce inevitablemente reflujo de agua, ya que el vapor de agua se condensa en la tapa y regresa a la masa en ebullición.
- Este método de cocción no se debe considerar simplemente una variación de la cocción térmica con agua, porque las reacciones que tienen lugar a temperaturas hasta 100 °C son diferentes de las de 130 °C. Por ejemplo, a 130 °C se inician las reacciones de Maillard, los carotenos de la zanahoria se degradan y esta verdura pierde su color, etc. En consecuencia, cabe considerarlo otro tipo de cocción con texturas y gustos diferentes.

Proceso a baja presión:

- Se realiza en un recipiente cerrado y conectado a un aparato de vacío.
- Al hacer el vacío en el interior del recipiente, la temperatura en la que el agua hierve se reduce considerablemente en función del vacío que creamos. Incluso podría hervir sin calentarse, es decir, a temperatura ambiente.
- De hecho, se puede experimentar este tipo de cocción en lugares en los que la presión es menor que la atmosférica. A medida que aumenta la altitud, la presión disminuye. Hay ciudades a gran altura (Bogotá, Quito, México, etc.) en las que la temperatura de cocción con agua en un recipiente abierto gira en torno a los 90 °C, pero evidentemente la cocción es más lenta.
- El hecho de poder disminuir la presión con métodos científicos y controlados abre nuevos caminos en la alimentación y gastronomía.

Probeta

¿Qué es? Utensilio que sirve para medir volúmenes de líquidos (vino, jugos, etc.).

Informaciones adicionales:
Las capacidades de las probetas más utilizadas son: 25, 50, 100, 250, 500 y 1.000 ml.

Proceso biológico

conceptos científicos

¿Qué es? Transformación fisicoquímica en la que intervienen sustancias biológicas o microorganismos. Ejemplos: preparación de yogures, fermentación del pan, cuajado de la leche, etc

Proceso físico

conceptos científicos

¿Qué es? Transformación en la que no hay cambio de la composición de las sustancias que constituyen un producto.

Informaciones adicionales:
- Se considera que son transformaciones que dan lugar a productos que se pueden llamar «no cocinados».
- Algunos tratamientos de tipo físico son los siguientes: partir, picar, pelar, moler, congelar, refrigerar, triturar, etc.

Proceso químico
conceptos científicos

¿Qué es? Transformación en la que se produce un cambio de la composición de las sustancias que constituyen un producto.

Informaciones adicionales:
- Un buen ejemplo es la digestión: los almidones se transforman en azúcares simples; las proteínas pasan a ser aminoácidos, etc.
- En la cocina, al cocer una carne o un pescado a la brasa y aparte de muchas otras, se producen las reacciones de Maillard, que tienen lugar apreciablemente a partir de 130 °C.
- Otro ejemplo es la caramelización de los azúcares, que se produce aproximadamente a partir de 150 °C; el azúcar blanco y dulce ha desaparecido y se ha transformado en una masa marrón dulce-amarga; si seguimos aumentando la temperatura, se oscurece todavía más y pierde todo el sabor dulce; y si seguimos calentando ya sólo quedará un residuo negro, principalmente de carbón.

Productos alimentarios intermedios (PAI)
conceptos alimentarios

¿Qué son? Concepto utilizado en la industria alimentaria y que incluye los productos que no se consumen prácticamente nunca solos, pero que consumimos a través del alimento a los que se han incorporado.

Informaciones adicionales:
- Son compuestos químicos o, excepcionalmente, mezcla de unos pocos compuestos químicos.
- Los podemos clasificar en:
  - Complementarios (fracciones de productos naturales). Ejemplo: lactosa.
  - Nutracéuticos o «fracciones saludables»: *Véase* Nutracéuticos (Productos). Ejemplo: flavonoides.
  - Aditivos. *Véase* Aditivos (Alimentarios). Ejemplo: alginato sódico.

Proteínas

¿Qué son? Compuestos bioquímicos que contienen nitrógeno en su molécula y que contribuyen a la estructura del organismo, además de aportar nutrientes.

Informaciones adicionales:

- Las proteínas son agrupaciones de aminoácidos diversos, que forman estructuras gigantes.
- Según los aminoácidos que las compongan y su estructura, tendrán unas características determinadas. Por ejemplo, los colágenos contienen, aproximadamente, los aminoácidos siguientes, estructurados en cadenas muy largas:

  - Glicina (GLY)   35 %
  - Alanina (ALA)   11 %
  - Prolina (PRO)   12 %
  - Hidroxiprolina (HYP)   9 %
  - Otros   33 %

Véase Aminoácido

- Las enzimas son un tipo de proteínas responsables del hecho de que muchos procesos gastronómicos se produzcan a una velocidad que permita su viabilidad.
- Las proteínas las produce sólo la materia viva y su construcción está regulada por la genética de cada especie a partir de los constituyentes básicos, los aminoácidos, como si fueran piezas para construir un edificio perfectamente definido desde el punto de vista genético.
- Las proteínas constituyen:
  - La mayor parte de los tejidos animales junto con el agua. Ejemplo: la actina de los músculos humanos.
  - En las plantas, la mayor concentración se encuentra en las semillas. Ejemplo: soja.
- Aunque muchas veces se relacione a las proteínas con los animales, hay ejemplos vegetales con proporciones de proteínas muy abundantes: frutos secos y legumbres.

Propiedades de las proteínas en restauración:

- Son hidrocoloides. Ello significa que permiten diferentes texturas con el agua: le dan viscosidad, pueden gelificar, etc. Por ejemplo, el colágeno que se convierte en gelatina.
- Algunas son emulsionantes (tensioactivos). Ello significa que tienen capacidad de mezclar dos o más componentes no miscibles. Por ejemplo, la ovoalbúmina del huevo.

Proteínas fibrosas

¿Qué son? Proteínas que tienen una estructura simple de cadenas de aminoácidos (cadenas polipeptídicas) ordenadas en una sola dirección y normalmente en haces paralelos.

Informaciones adicionales:
- Son muy abundantes en los animales superiores, por ejemplo, los vertebrados.
- Consideraremos dos clases importantes de proteínas fibrosas: queratinas (proteínas de la piel, lana, uñas, etc.) y colágenos (proteínas de los tendones, músculos, etc.).

Proteínas globulares

¿Qué son? Proteínas más complejas que las fibrosas, con estructuras de cadenas de aminoácidos enlazadas entre sí, y en algunos casos con uniones entre diferentes cadenas.

Informaciones adicionales:
- La hemoglobina de la sangre es una proteína compleja (globular).
- Las principales proteínas globulares son:
  - **Proteínas estructurales nutritivas:** Hay muchas proteínas que podemos asociar con este grupo, desde la mioglobina de los músculos hasta las que forman la harina de trigo.
  - **Mioglobina:** Proteína globular relativamente pequeña que se encuentra en los músculos y es especialmente abundante en mamíferos acuáticos, por ejemplo la ballena.
  - **Proteínas de la harina de trigo:** La harina de trigo tiene dos tipos de componentes básicos: el almidón y las proteínas.
  - **Enzimas:** *Véase* Enzimas.

Protóxido de nitrógeno (E-942)

¿Qué es? Producto inorgánico formado por nitrógeno y oxígeno (N_2O), utilizado como aditivo para aplicaciones como gas de envasado.
¿De dónde proviene? / ¿Cómo se obtiene? Reacciones químicas de productos nitrogenados de origen mineral.
Presentación: Gas comprimido.

Utilizaciones generales:
- **En industria alimentaria:** En el interior de recipientes herméticos como propelente. Por ejemplo, nata en spray.
- **En restauración:** En cápsulas para sifones.

Punto de ebullición

¿Qué es? Temperatura a la que una sustancia pasa de líquido a vapor, o viceversa.

Informaciones adicionales:

- Es el punto en el que comienza a hervir un líquido y depende de la presión exterior.
- También se le llama punto de vapor o de vaporización. Ejemplo: El punto de ebullición del agua destilada (sin ningún componente disuelto) y a la presión atmosférica del nivel del mar es de 100 °C. Si en el agua se ha disuelto sal, azúcar u otros componentes, este punto de ebullición ascenderá en función de la concentración de los componentes.
- Si la presión es más alta, el punto de ebullición aumenta. En una olla a presión tenemos temperaturas de ebullición del agua de hasta 130 °C.
- Si disminuimos la presión con una bomba de vacío o en los puntos a mucha altura, desciende la temperatura de ebullición. Por ejemplo, a una décima parte de una atmósfera (0,1 atm), la temperatura de ebullición del agua será de 40-50 °C. Otro ejemplo es el del alcohol etílico, que hierve a 78,5 °C (a la presión atmosférica).

¿Qué es? Temperatura a la que una sustancia pasa del estado sólido al líquido o al revés, de líquido a sólido. También se llama punto de congelación o de solidificación. No depende de la presión ambiental.

Informaciones adicionales:
- El punto de fusión es una propiedad importante en el tratamiento culinario de las grasas, la cobertura de chocolate, la gelatina, etc. Ejemplo: el punto de fusión del chocolate y de la gelatina de colas de pescado (aplicada a un producto) gira en torno a la temperatura corporal humana (34-36 °C), y por ello se deshacen en la boca.

Ejemplos:
- El punto de fusión-congelación del agua destilada (sin ningún componente disuelto) es de 0 °C. Si lleva disueltos sales o azúcares, el punto de congelación disminuye en función de la concentración de los componentes disueltos. Esta propiedad se aplica a los anticongelantes, sustancias disueltas en el agua y que permiten enfriar por debajo de 0 °C sin que se convierta en hielo. El hecho de echar sal a las carreteras cuando la temperatura es muy baja se basa en el mismo principio.
- El alcohol etílico tiene un punto de fusión de −114,6 °C (a la presión atmosférica). Éste es el motivo de la práctica imposibilidad de congelación de las bebidas alcohólicas y sobre todo de los destilados. Evidentemente, es posible hacerlo con nitrógeno líquido.
- Las mezclas de sustancias de similar composición química (por ejemplo los aceites y las grasas) no tienen un punto de fusión definido, sino un intervalo de puntos de fusión.

Producto	Punto de fusión	Punto de ebullición
Nitrógeno	−209 °C	−195,8 °C
Alcohol etílico	−114,6 °C	78,5 °C
Dióxido de carbono	−78 °C	Sublima
Agua	0 °C	100 °C
Sal (cloruro de sodio)	800 °C	1.442 °C

QS (*Quantum satis*)

¿Qué es? Abreviatura latina, utilizada sobre todo en aditivos alimentarios, que indica que la cantidad de un producto a aplicar es la mínima que permite conseguir el efecto deseado.

Queratinas

¿Qué son? Proteínas animales, insolubles en agua, derivadas de las células de la piel y todos sus derivados: pelo, uñas, lana, escamas, plumas, etc.

Ejemplo: La piel de pollo, tan gustosa al ast, está constituida casi íntegramente por proteínas tipo queratina, así como las escamas de los peces.

Quercitina

¿Qué es? Antioxidante natural. Compuesto de tipo flavonoide presente en cebollas, manzanas, etc.

Quilaya
Véase Espumantes

Química

¿Qué es? Ciencia que estudia la composición de la materia y sus transformaciones al ponerse en contacto diversas sustancias, y los cambios energéticos que tienen lugar en las mismas.

Químicos (Productos)

conceptos científicos

¿Qué son? Productos o sustancias, bien definidos desde el punto de vista químico y estructural, que constituyen la materia tal como la conocemos.

Informaciones adicionales:
- Por ejemplo, la sal de cocina es un producto químico (cloruro de sodio); el papel está formado, básicamente, por un hidrato de carbono llamado celulosa.
- Toda la materia, natural o artificial, está compuesta por productos químicos, si bien en lenguaje coloquial se suele hablar de productos químicos en referencia a sustancias añadidas al producto original para su conservación u otros fines.

Quimiosina

composición de los alimentos - proteínas

¿Qué es? Enzima contenida en el cuajo, que es el líquido segregado por una parte del estómago de los rumiantes. Esta enzima es capaz de coagular (cuajar) la leche o productos similares.
¿De dónde proviene? / ¿Cómo se obtiene? A partir del cuajo.
Presentación: Producto líquido en diferentes concentraciones.

Informaciones adicionales:
También podemos encontrar esta enzima en algunas plantas, como por ejemplo el cardo, muy utilizado en la elaboración de los quesos.

Utilizaciones generales:
- **En industria alimentaria:** Elaboración de quesos.
- **En restauración:** No tenemos constancia.

Quinina

composición de los alimentos - alcaloides

¿Qué es? Alcaloide amargo extraído de la corteza de plantas del tipo cincona (por ejemplo el árbol de quina).

Informaciones adicionales:
- Es el gusto amargo por excelencia, y por ello se adopta como patrón amargo.
- Aplicado en alimentación a las bebidas de tónica y otras bebidas no alcohólicas.
- Históricamente empleada para el tratamiento de la malaria o el paludismo.

Radiación

conceptos científicos

¿Qué es? Energía electromagnética que se transmite entre dos cuerpos.

Informaciones adicionales:
- Puede ser de muchos tipos: luminosa, infrarroja, ultravioleta, ondas de radio, microondas, etc.
- Ejemplo: Radiación emitida en el microondas que permite calentar.
- Se suele usar el término radiación para referirse a la radiactividad, que es peligrosa para la salud en determinadas dosis.

Rafinosa

composición de los alimentos - hidratos de carbono

¿Qué es? Hidrato de carbono formado por tres monosacáridos enlazados (glucosa, fructosa y galactosa).

Informaciones adicionales:
- Está presente en plantas, entre las que podemos destacar la remolacha azucarera.
- La rafinosa también se encuentra en los guisantes y las judías. Al ser un azúcar más complejo que los disacáridos, le cuesta descomponerse y pasa al intestino delgado sin absorberse. En el intestino grueso, la flora intestinal lo asimila (fermenta) y estos microorganismos liberan gases que pueden provocar ventosidades.

glucosa   fructosa   galactosa   rafinosa

Rancio

¿Qué es? Matiz organoléptico provocado por la alteración química de las grasas.

Informaciones adicionales:
- La molécula de un triglicérido está formada por la glicerina, unida a tres ácidos grasos. Cuando un triglicérido se descompone, dejando libre el ácido graso, aparece el gusto de rancio, ya que el ácido libre permanece en el aceite o la grasa. Este fenómeno está provocado casi siempre por enzimas.
- También se llama rancio al vino que ha envejecido en barrica y que adquiere unos componentes de olor y sabor característicos.

Reacción

¿Qué es? Proceso de transformación química en el que a partir de unos componentes (llamados reactivos) se obtienen otros componentes químicamente distintos, a los que llamamos productos.

Informaciones adicionales: La mayor parte de cocciones son reacciones químicas complejas entre los componentes de los alimentos. Ejemplo: reacción de Maillard. *Véase* Maillard (Reacción de).

Reducción

¿Qué es?
- **Científicamente:** Es el proceso contrario a la oxidación (ganancia de electrones). En la oxidación de una molécula se pierden electrones y en la reducción se ganan. Ejemplo: la reducción de los aminoácidos de las proteínas en la reacción de Maillard produce un sabor característico.
- **Gastronómicamente:** No tiene nada que ver con su significado científico. Reducción es la concentración de una elaboración o de un producto por evaporación de agua y de otros componentes volátiles. Ejemplo: reducción de salsas.

Sabor

percepciones organolépticas

¿Qué es? Características gustativas y olfativas que se perciben en la boca y por vía retronasal, y que permiten identificar cada alimento.

Sacarina (E-954)

aditivos - edulcorantes

¿Qué es? Producto artificial derivado del benceno (compuesto orgánico formado por 6 carbonos), utilizado como aditivo edulcorante.
¿De dónde proviene? / ¿Cómo se obtiene? Síntesis en la industria química a partir de derivados del benceno.
Presentación: Producto en polvo, comprimidos o líquido.

Informaciones adicionales:
- Poder edulcorante unas 400 veces más que el azúcar.
- Deja un regusto amargo o metálico.
- Es uno de los edulcorantes más utilizados en la industria, sobre todo por su gran estabilidad. De hecho, popularmente se llama «sacarina» a cualquier edulcorante de mesa, aunque esté elaborado con otros productos. Actualmente se utilizan mucho el ciclamato y el aspartame.

Utilizaciones generales:
- **En industria alimentaria:** Confitería, chicles, productos bajos en calorías, productos para diabéticos, etc.
- **En restauración:** No tenemos constancia.

Sacarosa

composición de los alimentos - hidratos de carbono

¿Qué es? Nombre químico del azúcar. Es un hidrato de carbono formado por la unión de la glucosa (dextrosa) y la fructosa. Esta última es la que aporta la mayor parte del gusto dulce.
¿De dónde proviene? / ¿Cómo se obtiene? Por extracción fisicoquímica a partir de la caña de azúcar o de la remolacha azucarera.
Presentación: Producto cristalizado o en polvo.

Informaciones adicionales:
Está presente en alimentos, entre los cuales podemos destacar la fruta y la verdura.

Saccharomyces
Véase Levadura

Sal

conceptos científicos
productos minerales

¿Qué es?
- **Científicamente:** Producto derivado de la reacción de un ácido y un álcali.
- **Gastronómicamente:** Nombre que en el lenguaje coloquial se da al cloruro de sodio o sal común. Se utiliza como potenciador del sabor, conservante y modificador de gusto (sazonador).

¿De dónde proviene? / ¿Cómo se obtiene? De las minas de sal o de las salinas del mar.

Presentación: Producto cristalizado.

Informaciones adicionales:
- Hay muchos tipos de sal común, según las impurezas que contenga, productos añadidos o el grado de cristalización, pero básicamente son el mismo producto mineral.
- Algunos tipos son:
  - Sal yodada, enriquecida con productos con yodo.
  - Sal marina cristalizada (sal Maldon, sal gris, sal de Guérande, flor de sal, etc.).
  - Sal rosa, que se ha formado por desecación de mares antiguos y que contiene, además de cloruro de sodio, otras sales, como las de calcio, magnesio, hierro y potasio, que le otorgan su color.

Utilizaciones generales:
- **En industria alimentaria:** Potenciador de sabor y conservante en productos cárnicos, pescado, etc.
- **En restauración:** Como sazonador en la mayoría de los alimentos; como conservante en salazones y salmueras.

Dosificación:
- **Dosificación máxima tolerada:** QS.
- **Dosificación básica en cocina:** QS.

Sal fundente
conceptos alimentarios

¿Qué es? Nombre que se da a diferentes tipos de sales que tienen la propiedad de reordenar las estructuras de proteína contenidas en el queso.

Informaciones adicionales:
- En los quesos, el calcio actúa como «cemento» para unir las partículas de proteína; según el tipo de queso y con el tiempo puede llegar a producir texturas muy duras. Si volvemos a fundir este queso duro con sales capaces de «secuestrar» el calcio (sales fundentes), la proteína se relaja y el queso se puede untar.
- Las sales más utilizadas para este efecto son los fosfatos y los citratos. El nombre de «sales fundentes» procede de la época en que se aprovechaban quesos, comestibles pero muy duros, volviéndolos a fundir con las sales. Hoy en día, el queso de untar o de *fondue* ya se prepara añadiendo las sales desde el principio de la elaboración.

Sal nitro (E-252)
aditivos - conservantes

¿Qué es? Aditivo conservante de fórmula nitrato de potasio.

Utilizaciones generales:
En industria gastronómica: Conservación de carnes.
En restauración: No tenemos constancia.

Véase Nitratos y nitritos

Sal potásica
productos minerales

¿Qué es? Producto mineral conocido científicamente con el nombre de cloruro de potasio, y que en algunas sales va asociado al cloruro de sodio.
¿De dónde proviene? Minas de sal y salinas marinas.
Presentación: Producto cristalizado, en polvo o granulado.

Informaciones adicionales:
Tiene un gusto salado con matices diferentes a los del cloruro de sodio.

Utilizaciones generales:
En industria gastronómica: Modificar textura de los carragenatos.
En restauración: No tenemos constancia.

Salado
percepciones organolépticas

¿Qué es? Uno de los gustos fundamentales. La sal de cocina (cloruro de sodio) es el producto asociado a este gusto.

Informaciones adicionales:
También podemos obtener sensación de salado con el cloruro de potasio, el fosfato de sodio y otros compuestos de características similares al cloruro de sodio.

Sales de calcio

¿Qué son? Sales formadas por calcio y otros componentes.
¿De dónde provienen? / ¿Cómo se obtienen? Extracción de lácteos, productos minerales, etc.
Presentación: Producto granulado o en polvo en el cloruro de calcio, lactato de calcio, etc. También se presenta en disolución en agua.

Informaciones adicionales:

- Algunos gelificantes (alginato) necesitan la presencia de calcio para producir su efecto. En cocina se ha utilizado esta propiedad de producir gelificaciones controladas, provocando una gelificación externa que se ha denominado «sferificación».
- En las operaciones de sferificación, normalmente se utiliza el cloruro de calcio, aunque se está investigando la idoneidad de otras sales, como el lactato de calcio, el gluconolactato de calcio y el gluconato de calcio.

Utilizaciones generales:

- **En industria alimentaria:** Aumento de la proporción de calcio de algunos alimentos.
- **En restauración:** Sferificación (en forma de sales de calcio, preferentemente cloruro de calcio).

Dosificación y modo de empleo:

- **Dosificación máxima tolerada:** QS.
- **Dosificación básica en cocina (para el cloruro de calcio):** Para sferificación básica, 0,5-1 %. Para sferificación inversa, concentraciones en proceso de experimentación.
- **Modo de empleo:** Para sferificación básica, hacer una mezcla de cloruro cálcico con agua. Para sferificación inversa, en proceso de experimentación.

La fotografía superior corresponde a una esfera a base de alginato que se ha sumergido un minuto en la base de cloruro cálcico; la imagen inferior es la de una esfera que se ha dejado cinco minutos en la misma base. La comparación entre ambas fotografías permite contemplar la mayor penetración del calcio en el segundo caso. Al cabo de unos minutos, la gelificación de la esfera sería total. (Fotografías obtenidas en microscopio electrónico por Fernando Sapiña y Eduardo Tamayo, de la Universidad de Valencia.)

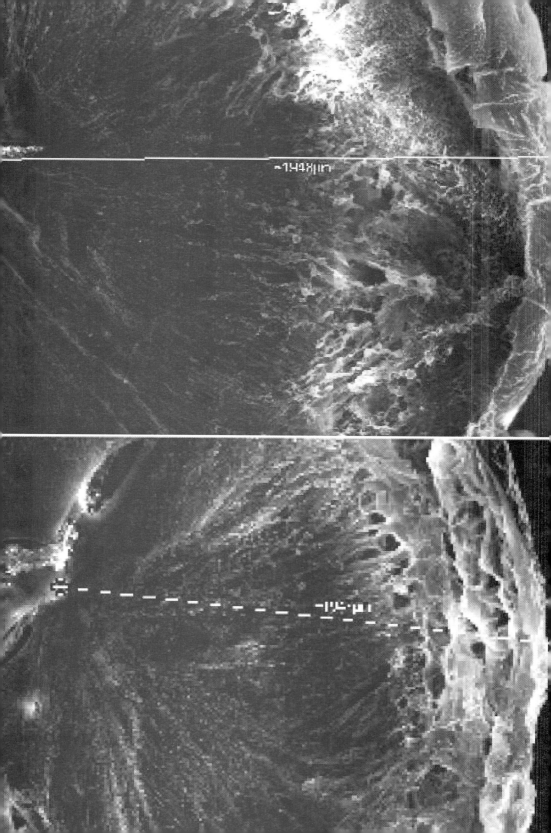

Sales de sodio

composición de los alimentos - minerales

¿Qué son? Sales formadas por sodio y otros componentes.
¿De dónde provienen? / ¿Cómo se obtienen? Extracción de productos minerales y de fuentes alimentarias.
Presentación: Producto en polvo, cristalizado o en disolución en agua.

Informaciones adicionales:
- El ejemplo más importante es el cloruro de sodio. *Véase* Sal.
- Otros ejemplos: fosfatos sódicos, nitrito sódico, alginato sódico, etc. *Véase* Fosfatos, Nitratos y nitritos, Alginato sódico.

Sales minerales

composición de los alimentos - minerales

¿Qué son? Productos químicos que no están formados por estructuras de carbono y que forman los alimentos junto a los compuestos bioquímicos y el agua. Se derivan de la reacción de un ácido y un álcali.

Informaciones adicionales:
Las más habituales en alimentación son las sales de calcio y las sales de potasio.

Salmonelosis

conceptos científicos

¿Qué es? Intoxicación alimentaria relacionada con la salmonela, un microorganismo del tipo bacteria, que normalmente se encuentra en las cáscaras de los huevos de las aves.

Informaciones adicionales:
- A fin de evitarla o prevenirla disponemos de diferentes posibilidades, entre las que podemos destacar:
  - No romper la cadena del frío de las elaboraciones realizadas con huevo. La salmonela no se reproduce con frío de nevera (4-6 °C).
  - Calentar el producto por encima de 65 °C un tiempo mínimo de 15 minutos.
  - Desinfectar la parte exterior del huevo (la cáscara) con productos ácidos u oxidantes: lejía alimentaria, vinagre, etc.
  - Trabajar con huevos pasteurizados.

Saponinas

¿Qué son? Grupo de productos del reino vegetal formados fundamentalmente por cadenas de hidratos de carbono y que se caracterizan por ser un poco amargas.

Informaciones adicionales:
- Entre las saponinas destaca la glicirricina del regaliz.
- En las proporciones en que se encuentran en los alimentos no representan ningún problema para la salud, pero como productos individualizados son tóxicas.

Alimentos que contienen saponinas:
Queso, verduras (alfalfa, espinacas, coles, etc.), legumbres (guisantes), regaliz, etc.

Saturación
Véase Disolución saturada

Secuestrante

¿Qué es? Nombre que se da a diferentes tipos de productos capaces de capturar a otro producto (total o parcialmente). Debido a su acción no se manifiestan las propiedades de este último en la disolución en la que se encuentra.

Informaciones adicionales:
- También se denomina quelante.
- Ejemplo: El TPPS tripolifosfato de sodio y otros fosfatos se pueden utilizar como secuestrantes del calcio en lácteos. El calcio sigue estando en la disolución pero no se manifiesta como tal.

Seroalbúmina

¿Qué es? Proteína de la sangre (65 % del total de las proteínas, incluyendo la hemoglobina).
¿De dónde proviene? / ¿Cómo se obtiene? A partir de la sangre.
Presentación: Producto en polvo.

Utilizaciones generales:
- **En industria alimentaria:** Como gelificante y ligante.
- **En restauración:** No tenemos constancia.

Sinéresis

¿Qué es? Separación o desprendimiento de un líquido, normalmente agua, una vez se ha formado una estructura gelatinosa o espesa. Es un fenómeno relacionado con los hidrocoloides.

Ejemplos:
- Algunos almidones, una vez han cogido el agua (se han hidratado) y pasado un tiempo, sueltan una parte de la misma, fenómeno que se conoce con el nombre de retrogradación, produciéndose la devolución de una parte del agua capturada.
- Otro ejemplo son los productos gelificados con carragenato kappa.
- En los flanes y yogures, el fenómeno de sinéresis se produce habitualmente, y por ello se observa una pequeña cantidad de líquido al abrir el recipiente.

Sinergia

¿Qué es? Aumento de alguna de las propiedades de un producto o creación de alguna propiedad nueva por la interacción de un producto sobre otro.

Ejemplos:
- La combinación entre el carragenato kappa y la goma garrofín produce un gel más rígido y cohesivo del que propiciaba el kappa solo.
- La unión entre goma garrofín y goma xantana, ambos espesantes, origina propiedad gelificante, dando lugar a un gel muy resistente a fuerzas aplicadas.

Sintéticos (Productos)

conceptos científicos

¿Qué son? Productos que se obtienen en los laboratorios mediante procesos químicos a partir de cualquier materia prima. Pueden ser artificiales o naturales idénticos. *Véase* Artificiales (Productos), Naturales idénticos (Productos).

Sodio

composición de los alimentos - minerales

¿Qué es? Elemento químico metálico siempre asociado a otros elementos (cloruro de sodio, sulfato de sodio, etc.). Sus compuestos se utilizan como complementos alimentarios y posibilitadores de procesos de gelificación.

Informaciones adicionales:
- Es un componente de muchas sales minerales y de los alimentos.
- Imprescindible para los organismos vivos. Con un contenido en el organismo humano de cerca de 1,4 g por cada kg.
- Actúa regulando la ósmosis de las células y en activaciones de enzimas. Su consumo excesivo está relacionado con las presiones arteriales altas (hipertensión).
- Su ingesta se obtiene de dos fuentes:
    - En forma de sal (cloruro de sodio) directamente.
    - Consumiendo alimentos. Entre los que contienen más se encuentran: quesos, carnes y pescados (en porcentajes inferiores a 1 %).

Soluble (Producto)

conceptos científicos

¿Qué es? Producto que por sus características puede disolverse en otro, al que llamamos disolvente.

Informaciones adicionales:
El azúcar es soluble en agua; en cambio, el aceite de oliva no.

Soluto

conceptos científicos

¿Qué es? Producto que es disuelto por otro, normalmente líquido (el agua es el disolvente más importante).

Solvatación
procesos físicos o químicos

¿Qué es? Proceso por el que una molécula se rodea de otras moléculas de un producto que actúa como disolvente.

Informaciones adicionales:
Si este líquido es agua, el proceso se denomina hidratación.

Sorbitol (E-420)
aditivos - edulcorantes
aditivos - humectantes

¿Qué es? Producto del grupo de los polioles que se utiliza como aditivo edulcorante y humectante.
¿De dónde proviene? / ¿Cómo se obtiene? Por síntesis a partir de la glucosa (dextrosa) y también de la fructosa.
Presentación: Producto líquido.

Informaciones adicionales:
- Se obtiene por simple hidrogenación de la glucosa; es una materia prima para obtener la vitamina C sintética.
- Poder edulcorante: 0,6 veces el azúcar (sacarosa).
- En la naturaleza se encuentra en muchas frutas maduras (ciruelas sobre todo, peras, cerezas).

Utilizaciones generales:
- **En industria alimentaria:** Chicles, recubrimiento de comprimidos y productos para diabéticos.
- **En restauración:** No tenemos constancia.

Sublimación
procesos físicos o químicos

¿Qué es? Paso de estado sólido a gaseoso directamente sin pasar por estado líquido.

Ejemplo: El dióxido de carbono sólido (hielo seco) pasa a gas directamente sin pasar por estado líquido.

Informaciones adicionales:
En la liofilización, la extracción de agua se realiza por sublimación. *Véase* Liofilización.

Sucedáneo

¿Qué es? Producto que se utiliza en sustitución de otro de características parecidas. Los sucedáneos suelen ser de menor calidad y se elaboran cuando el producto original presenta un precio muy elevado o es de difícil obtención.

Informaciones adicionales:
Los sucedáneos pueden ser:
- Productos sintéticos que sustituyen al natural. Ejemplo:
  - La vainillina como sucedáneo de la vainilla.
- Productos naturales similares a los originales. Ejemplos:
  - Sucedáneo de chocolate, en el que se sustituye la manteca de cacao por otras grasas vegetales.
  - Huevas de distintos pescados para sustituir al caviar.

Sucralosa (E-955)

¿Qué es? Aditivo edulcorante intensivo recientemente aprobado por la UE (descubierto en 1986).

Informaciones adicionales:
- Poder edulcorante: 650 veces más que el azúcar (sacarosa).
- Es un derivado con cloro del azúcar (sacarosa).

Utilizaciones generales:
- **En industria alimentaria:** Productos de pastelería y dulces. Sustitutivo del azúcar para diabéticos, galletas, pastelería, mermeladas, etc.
- **En restauración:** No tenemos constancia.

¿Qué es? Producto artificial derivado de la sacarosa (azúcar), utilizado como aditivo emulsionante y estabilizante.

¿De dónde proviene? / ¿Cómo se obtiene? Síntesis a partir del azúcar y los ácidos grasos.

Presentación: Producto en polvo.

Informaciones adicionales:

- Poco utilizado en Estados Unidos y Europa por su coste elevado, pero en cambio muy empleado en Japón.
- Los inconvenientes son que se descompone a alta temperatura y tiene un precio elevado en comparación con otros emulsionantes.
- Se digieren igual que sus componentes (azúcar y ácidos grasos), salvo un sucroéster denominado «olestra», que contiene 6 ácidos grasos y se elimina sin asimilar; éste se utiliza como sustituto de las grasas en alimentos bajos en calorías.
- Su efecto bacterioestático (evita el crecimiento bacteriano) ha permitido aplicarlo para higienizar productos; por ejemplo, en hortalizas cortadas con muchos repliegues, el sucroéster es capaz de penetrar en ellas perfectamente.
- Los sucroésteres más utilizados son los que tienen un HLB alto (entre 14 y 16), lo cual significa que se utilizan para preparar emulsiones del tipo aceite-agua (O/W).

Utilizaciones generales:

- **En industria alimentaria:** Aplicaciones en cremas, margarinas, helados (emulsionar y estabilizar), chocolates (fluidificar), panes (alargar el tiempo de esponjosidad), natas (estabilizar), café (blanquear), etc. También se utilizan como detergentes biodegradables.
- **En restauración:** En experimentación.

Suero lácteo

¿Qué es? Residuo (líquido turbio) que queda cuando se cuaja la leche para elaborar queso.

Informaciones adicionales:
- Durante años iba a parar al río (con problemas de polución) o como bebida para los animales, pero ahora se aprovecha para la alimentación humana.
- El suero líquido contiene una gran cantidad de agua (95 %), pero en el 5 % restante está toda la lactosa y las proteínas solubles (lactoalbúminas, lactoglobulinas), cada vez más apreciadas, tanto por su funcionalidad (son capaces de gelificar) como por su valor nutritivo.
- Así, pues, se evapora todo el agua y se obtiene el lactosuero o suero lácteo en polvo. Éste ya se emplea tal cual (postres, galletas), pero por ultrafiltración también se van separando la lactosa, las proteínas solubles, los minerales, etcétera, y las posibilidades de aplicación aumentan considerablemente.
- Las proteínas que contiene permiten fabricar la denominada cuajada, o el requesón, que se obtienen calentando el suero hasta 85 °C, consiguiendo la separación (precipitación) de las proteínas que no coagularon con el cuajo.

Utilizaciones generales:
- **En industria alimentaria:** Postres lácteos, galletas, etc.
- **En restauración:** No tenemos constancia.

Sulfitos (E-221 a E-228)

¿Qué son? Sales inorgánicas formadas por azufre y oxígeno, y otros elementos (sodio, potasio o calcio), y que tienen la propiedad de utilizarse como aditivos conservantes y antioxidantes.
¿De dónde provienen? / ¿Cómo se obtienen? Por reacción entre el dióxido de azufre e hidróxidos de sodio, de potasio o de calcio.
Presentación: Producto en polvo.

Informaciones adicionales:
- Desde los tiempos de la Roma antigua, se quemaba azufre (que desprende dióxido de azufre, que es el que actúa) en las bodegas para conservar el vino y la sidra.
- Dado que el dióxido de azufre (antiguamente llamado anhídrido sulfuroso) es un gas y, por lo tanto, es complicado de manipular y dosificar, actualmente se emplean los sulfitos, que son sales que desprenden el gas con propiedades tanto conservantes como antioxidantes.
- Inconvenientes: Hay personas sensibles a los sulfitos (alergias, asma).
- En la digestión se transforman rápidamente en sulfatos neutros y se eliminan sin otro peligro.

Utilizaciones generales: Son muy eficaces contra bacterias y hongos y sus aplicaciones son muy amplias.
- **En industria alimentaria:** Fruta y verdura desecada, jugos y zumos de fruta, mermeladas, etc.
- **En restauración:** No tenemos constancia.

Suspensión

conceptos científicos

¿Qué es?
- **Científicamente:** Dispersión coloidal de un sólido en un líquido (agua S/W o aceite S/O) o de un sólido en otro sólido (S1/S2).
- **Gastronómicamente:** Proceso por el cual un sólido, un líquido o un gas se mantiene suspendido en otro líquido gracias a la acción de un producto con poder suspensor.

Suspensor (Poder)

conceptos científicos

¿Qué es? Característica asociada a algunos productos (goma xantana, iota, goma gellan elástica, etc.) que, previa disolución con agua, son capaces de mantener sustancias sólidas entre la superficie del líquido o fluido y el fondo, como si fueran submarinas.

Gracias a la acción de la xantana se pueden mantener elementos en suspensión en un líquido.

Tabla periódica

conceptos científicos

¿Qué es? Clasificación de todos los elementos químicos que forman la materia.

Informaciones adicionales:
- En la ordenación se ponen de manifiesto regularidades entre los elementos, y de ahí deriva el nombre de tabla periódica.

Véase ilustración en págs. 210-211

Taninos

composición de los alimentos - pigmentos y otros compuestos

¿Qué son? Conjunto de compuestos del grupo de los polifenoles, asociados a los flavonoides, que se caracterizan por dar un color determinado a ciertos vegetales, y que son astringentes.

Informaciones adicionales:
- Producto muy abundante en la naturaleza, presente en muchos vegetales, entre los que podemos destacar fruta (uva...), cacao, café y té.
- La presencia de taninos en el vino le otorga un matiz astringente determinado, así como en el té, el café y el cacao.
- En la fruta, la característica astringente que dan los taninos disminuye en el curso de la maduración.
- Como productos asociados a los flavonoides se consideran antioxidantes.
- Aparte de la alimentación, se utilizan extractos de taninos en curtiduría para convertir la piel de los animales en cuero, y en medicina para preparar sustancias astringentes y en el tratamiento de las quemaduras.

Utilizaciones generales:
- **En industria alimentaria:** Vinos, tónicas, etc.
- **En restauración:** En experimentación.

Tabla periódica

	1	2	3	4	5	6	7	8	9
1	1 **H** Hidrógeno								
2	3 **Li** Litio	4 **Be** Berilio							
3	11 **Na** Sodio	12 **Mg** Magnesio							
4	19 **K** Potasio	20 **Ca** Calcio	21 **Sc** Escandio	22 **Ti** Titanio	23 **V** Vanadio	24 **Cr** Cromo	25 **Mn** Manganeso	26 **Fe** Hierro	27 **Co** Cobalto
5	37 **Rb** Rubidio	38 **Sr** Estroncio	39 **Y** Itrio	40 **Zr** Zirconio	41 **Nb** Niobio	42 **Mo** Molibdeno	43 **Tc** Tecnecio	44 **Ru** Rutenio	45 **Rh** Rodio
6	55 **Cs** Cesio	56 **Ba** Bario	57 **La** Lantano	72 **Hf** Hafnio	73 **Ta** Tántalo	74 **W** Tungsteno	75 **Re** Renio	76 **Os** Osmio	77 **Ir** Iridio
7	87 **Fr** Francio	88 **Ra** Radio	89 **Ac** Actinio	104 **Unq** Unilcuadio	105 **Unp** Unilpentio	106 **Unh** Unilhexio	107 **Uns** Unilseptio	108 **Uno** Uniloctio	109 **Une** Unilennio

58 **Ce** Cerio	59 **Pr** Praseodimio	60 **Nd** Neodimio	61 **Pm** Prometio	62 **Sm** Samario
90 **Th** Torio	91 **Pa** Protoactinio	92 **U** Uranio	93 **Np** Neptunio	94 **Pu** Plutonio

Elementos constituyentes de los alimentos

■	Elementos básicos estructurales
■	Elementos esenciales
■	Oligoelementos
■	Elementos presentes, sin función conocida
■	No tenemos constancia de alimentos que los contengan

							2 **He** Helio
		5 **B** Boro	6 **C** Carbono	7 **N** Nitrógeno	8 **O** Oxígeno	9 **F** Flúor	10 **Ne** Neón
		13 **Al** Aluminio	14 **Si** Silicio	15 **P** Fósforo	16 **S** Azufre	17 **Cl** Cloro	18 **Ar** Argón
28 **Ni** Níquel	29 **Cu** Cobre	30 **Zn** Zinc	31 **Ga** Galio	32 **Ge** Germanio	33 **As** Arsénico	34 **Se** Selenio	35 **Br** Bromo	36 **Kr** Criptón
46 **Pd** Paladio	47 **Ag** Plata	48 **Cd** Cadmio	49 **In** Indio	50 **Sn** Estaño	51 **Sb** Antimonio	52 **Te** Telurio	53 **I** Yodo	54 **Xe** Xenón
78 **Pt** Platino	79 **Au** Oro	80 **Hg** Mercurio	81 **Ti** Talio	82 **Pb** Plomo	83 **Bi** Bismuto	84 **Po** Polonio	85 **At** Astato	86 **Rn** Radón

63 **Eu** Europio	64 **Gd** Gadolinio	65 **Tb** Terbio	66 **Dy** Disprosio	67 **Ho** Holmio	68 **Er** Erbio	69 **Tm** Tulio	70 **Yb** Iterbio	71 **Lu** Lutecio
95 **Am** Americio	96 **Cm** Curio	97 **Bk** Berkelio	98 **Cf** Californio	99 **Es** Einstenio	100 **Fm** Fermio	101 **Md** Mendelevio	102 **No** Nobelio	103 **Lr** Laurencio

| 10 | 11 | 12 | 13 | 14 | 15 | 16 | 17 | 18 |

Tara (Goma) (E-417)

aditivos - estabilizantes
aditivos - espesantes

¿Qué es? Goma vegetal, del grupo de los galactomananos, utilizada como aditivo estabilizante y espesante. Por sus propiedades es un hidrocoloide.
¿De dónde proviene? / ¿Cómo se obtiene? Por exudación del árbol *Cesalpinia spinosum* (América del Sur).
Presentación: Producto en polvo.

Informaciones adicionales:
- El árbol de donde proviene es muy parecido al algarrobo mediterráneo y, en consecuencia, esta goma tiene propiedades parecidas a la goma garrofín. Por ello se emplea como sustituto de ésta, sobre todo en épocas en las que la garrofín sube mucho de precio.
- Pertenece al grupo de los galactomananos junto con la goma garrofín y la goma guar.

Utilizaciones generales:
- **En industria alimentaria:** Helados, sopas, cárnicos y derivados lácteos.
- **En restauración:** En experimentación.

Tartárico (Ácido) (E-334)

aditivos - reguladores de la acidez
composición de los alimentos - ácidos

¿Qué es? Ácido orgánico presente en algunos vegetales (por ejemplo, la uva). Se utiliza como aditivo regulador de acidez y secuestrante de iones que impiden algunos procesos.
Presentación: Producto en polvo.

Informaciones adicionales:
- Está presente sobre todo en la piel de la uva verde.
- Es uno de los componentes de las bebidas efervescentes, de las llamadas litínicas o «litines».
- Como secuestrante posibilita la actuación de antioxidantes.

Utilizaciones generales:
- **En industria alimentaria:** Enología, masas de panes y horneados en general, bebidas efervescentes, combinado con antioxidantes.
- **En restauración:** No tenemos constancia.

¿Qué son? Productos derivados del ácido tartárico, utilizados como aditivos reguladores de la acidez y secuestrantes.

Informaciones adicionales:
- Tienen sabor salado.
- Forman parte del poso del vino al transformarse el ácido tartárico en sus sales.
- El más importante es el tartrato de hidrógeno y potasio, llamado «cremor tártaro».

Utilizaciones generales:
- **En industria alimentaria:** Enología, combinado con antioxidantes, etc.
- **En restauración:** Cremor tártaro en pastelería.

¿Qué es? Proteína utilizada como aditivo edulcorante.
¿De dónde proviene? / ¿Cómo se obtiene? Se obtiene por extracción de los frutos de una planta tropical (*Thaumatococcus danielli*), originaria de África ecuatorial (Congo, Uganda).
Presentación: Producto en polvo.

Informaciones adicionales:
- Poder edulcorante: Unas 2.500 veces más que el azúcar. Figura en el Libro Guinness de los récords como la sustancia natural más dulce que se conoce. Últimamente, las pruebas realizadas con el neotame dan resultados más altos. *Véase* Neotame.
- Por el hecho de ser una proteína, se digiere sin problemas.

Utilizaciones generales:
- **En industria alimentaria:** Confitería, chicles, productos lácteos, etc.
- **En restauración:** No tenemos constancia.

Tensioactivo

conceptos científicos

¿Qué es? Producto que rebaja la tensión superficial del agua o de una disolución.

Informaciones adicionales:
- En la misma molécula hay una parte soluble en agua y una parte soluble en grasas, lo cual posibilita la utilización como detergentes y, en alimentación, como emulsionantes y como sustancias humectantes.
- Ejemplo: Monoglicéridos, lecitina, sucroésteres, etc.

Tensión superficial

conceptos científicos

¿Qué es? Conjunto de fuerzas generadas en la superficie de un líquido en contacto con otro medio.

Informaciones adicionales:
- Cualquier líquido tiene tendencia a formar gotas a causa de la tensión superficial.
- Esta tensión superficial puede hacer aguantar una aguja de hierro en una superficie de agua.
- Los emulsionantes (lecitina, sucroésteres, monoglicéridos, etc.) disminuyen la tensión superficial y permiten mezclar componentes no miscibles formando emulsiones.

Teobromina

¿Qué es? Producto de tipo alcaloide presente en diferentes plantas, en particular en el cacao.

Informaciones adicionales:
Tiene efectos estimulantes y diuréticos.

Termoirreversibilidad

¿Qué es? Propiedad por la que, una vez formado un gel, ya no se destruye con la temperatura.

Informaciones adicionales:
- El alginato produce, en presencia de calcio, geles irreversibles que, aunque se calienten, aguantan su estructura.
- La pectina HM, que es la que se utiliza para las mermeladas y para las *pâtes de fruits*, también ofrece geles termoirreversibles.
- También llamada termoestabilidad.

Termorreversibilidad

¿Qué es? Propiedad por la que un gel tiene consistencia como tal o no en función de la temperatura.

Informaciones adicionales:
Las hojas de gelatina producen geles reversibles: Por debajo de 35 °C, aproximadamente, están gelificados; por encima de 35 °C son líquidos.

Textura
conceptos alimentarios

¿Qué es? Propiedades físicas (densidad, viscosidad, tensión superficial, dureza, etc.) de un producto alimentario que le otorga unas características perceptibles para los sentidos, sobre todo para el del tacto.

Algunas texturas posibles		
acuosa	espumosa	melosa
aérea	fibrosa	pastosa
aterciopelada	fondant	pegajosa
blanda	gaseosa	polvo
caldosa	gelatinosa	quebradiza
carnosa	granizada	semidura
cremosa	granulosa	sólida
crujiente	grumosa	tersa
dura	jugosa	untuosa
elástica	líquida	viscosa
espesa	mantecosa	etc.

Tixotropicidad
conceptos científicos

¿Qué es? Propiedad de algunos geles de hidrocoloides en virtud de la cual se vuelven a reconstituir una vez destruidos.

Informaciones adicionales:
Cuando un gel tixotrópico se rompe, vuelve a recuperar la consistencia homogénea inicial tan sólo dejándolo en reposo (ejemplo: gel con carragenato iota). A la industria alimentaria esta propiedad le sirve para poder llenar en frío (natillas, por ejemplo), ya que si se llenan en caliente, el agua se evapora de la masa y puede condensarse en la tapa del envase.

Tocoferoles (E-306 a E-309)
aditivos - antioxidantes

¿Qué son? Aditivos antioxidantes naturales que se encuentran en los aceites de semillas de trigo, maíz, arroz, soja e incluso en el aceite de oliva.
¿De dónde provienen? / ¿Cómo se obtienen? Por extracción de semillas de trigo, arroz, etc.
Presentación: Producto líquido oleoso.

Utilizaciones generales:
- **En industria alimentaria:** Conservas vegetales, quesos y grasas en general.
- **En restauración:** Indirectamente, al bañar algún alimento en aceite.

Las texturas que nos propician los alimentos en sus respectivos estados naturales o después de someterlos a manipulación son innumerables.

Tragacanto (Goma) (E-413)

¿Qué es? Hidrato de carbono tipo fibra, utilizado como aditivo espesante y estabilizante. Por sus propiedades es un hidrocoloide.

¿De dónde proviene? / ¿Cómo se obtiene? Por exudación de algunos arbustos (*Astragalus gummifer*) de la familia de las leguminosas (que se encuentran en Siria, Irán o Turquía).

Presentación: Producto en polvo.

Informaciones adicionales:

- Probablemente ya se utilizaba hace 2.000 años. Es, pues, uno de los estabilizantes más antiguos, pero hoy se emplea poco.
- Es resistente y en los medios ácidos espesa igual.

Utilizaciones generales:

- **En industria alimentaria:** Salsas, sopas, helados, derivados lácteos, repostería.
- **En restauración:** En experimentación.

Transgénico (Alimento)

¿Qué es? Alimento modificado genéticamente.

Informaciones adicionales:

- Son alimentos modificados por intervención humana, para obtener variedades análogas a la original pero que permitan: aumento de la producción, resistencia a las plagas, componentes rentables, facilidad de manipulación, etc.
- La modificación genética es un procedimiento habitual de mejora de razas mediante cruzamiento y, actualmente, se realiza mediante manipulación en laboratorio, procedimiento más rápido y más versátil.
- Productos muy controvertidos a causa del desconocimiento de los efectos secundarios que puede causar su ingestión. Un ejemplo muy comentado es el arroz dorado, variedad que contiene un precursor de la vitamina A. Esta variedad se ve como prototipo para disminuir algunos problemas de malnutrición en países en vías de desarrollo.

Transglutaminasa (Tgasa o TG)

¿Qué es? Proteina tipo enzima que permite el proceso de formación de enlaces entre proteinas.

¿De dónde proviene? / ¿Cómo se obtiene? Del tejido muscular de peces y mamíferos. También se puede obtener la Tgasa microbiana a partir del *Streptoverticillium mobaraense*.

Presentación: Producto en polvo.

Informaciones adicionales:

La tranglutaminasa posibilita uniones entre los aminácidos lisina y glutamina, permitiendo la unión entre proteinas y por lo tanto la reestructuración de determinados alimentos.

Utilizaciones generales:

- **En industria alimentaria:** Reconstitución de trozos de carnes y pescados para obtener filetes o rodajas.
- **En restauración:** En experimentación.

Tratamiento físicoquímico

Véase Proceso físico, Proceso químico

Trehalosa

¿Qué es? Hidrato de carbono disacárido formado por dos glucosas unidas de una manera determinada.

¿De dónde proviene? / ¿Cómo se obtiene? Por tratamiento del almidón.

Presentación: Producto en polvo.

Informaciones adicionales:

- Se considera una fuente de glucosa.
- Podríamos considerarla como un tipo de azúcar que hace años se está comercializando en Japón y que en el año 2000 recibió la aprobación de la Agencia Americana de Alimentación (FDA) y el reconocimiento de GRAS (certificado de calidad). En Europa se aprobó en 2001 su comercialización para la Comunidad Económica Europea.
- Entre las propiedades más importantes que posee la trehalosa destaca su capacidad de endulzar aproximadamente la mitad del azúcar (0,45 % veces) y la protección que ejerce sobre las membranas y las proteínas en procesos de desecación o congelación.

Utilizaciones generales:

- **En industria alimentaria:** Se utiliza para proteger estructuras, por ejemplo, las proteínas en el surimi. También como barrera protectora antihumedad, por ejemplo, yogures con galletas en su interior.
- **En gastronomía:** En experimentación.

Triglicérido

¿Qué es? Molécula formada por glicerina y tres ácidos grasos unidos a ésta.

Informaciones adicionales:
- Todos los aceites y grasas son triglicéridos; la diferencia entre cada uno consiste en los ácidos grasos que intervienen (oleico, palmítico, esteárico, linoleico, láurico, etc.).
- Según los ácidos grasos presentes, el triglicérido tendrá unas propiedades particulares (sólido o líquido, oxidable o no, gusto, etc.). *Véase* Ácido graso.

Triosa

¿Qué es? Hidrato de carbono formado por tres glucosas (trisacárido).
¿De dónde proviene? / ¿Cómo se obtiene? Por tratamiento del almidón.

Informaciones adicionales.
Componente de los jarabes de glucosa. *Véase* Glucosa jarabe.

Trisacáridos

¿Qué es? Hidratos de carbono formados por tres monosacáridos.

Ejemplos: Triosa, rafinosa, etc.

UHT (Uperización)

procesos físicos o químicos

¿Qué es? Tipo de esterilización que se aplica sobre el producto a una temperatura de 140 a 150 °C durante 2-4 segundos, con la finalidad de eliminar todos los microorganismos presentes.

Informaciones adicionales:
Muy utilizado en leche, pero se puede aplicar a diversos productos: jugos y zumos, cremas, vino, sopas e incluso platos preparados.

Umami

percepciones organolépticas

¿Qué es? Uno de los gustos básicos según la división de estos gustos que se hace en Japón. Se asocia con una sensación metálica o mineral en boca.

Informaciones adicionales:
- Asociado fundamentalmente al glutamato (glutamato de sodio), aunque hay otras sustancias a las que se puede atribuir: inosinato y guanilato.
- Vinculado a la cocina oriental y componente importante de salsas, como por ejemplo la de soja. Los japoneses lo tienen en consideración desde hace mucho tiempo, pero todavía no está muy asumido como gusto básico en la sociedad occidental.

Viscosidad
conceptos científicos

¿Qué es? Resistencia que ofrece un material a fluir.

Informaciones adicionales:
- Normalmente está asociado a los líquidos (fluidos).
- No se debe confundir la viscosidad con la densidad. Por ejemplo, el aceite es menos denso que el agua y más viscoso.
- Habitualmente se mide con un aparato llamado viscosímetro y con las unidades de milipascales·segundo o centipoises (cP).

Viscosímetro
tecnología - aparatos

¿Qué es? Aparato que mide la viscosidad de un líquido.

Informaciones adicionales:
Uno de los más utilizados es el tipo Brookfield.

Utilizaciones generales:
- **En industria alimentaria:** En la experimentación y el control de calidad para saber el grado de viscosidad en sopas, purés, mermeladas, salsas, etc. También en las aplicaciones de hidrocoloides en los alimentos y su comprobación de viscosidad.
- **En restauración:** No tenemos constancia.

Vitaminas
conceptos alimentarios

¿Qué son?
- **Científicamente:** Productos bioquímicos indispensables para el correcto funcionamiento del organismo y que éste no puede sintetizar.
- **Gastronómicamente:** Sustancias contenidas en los alimentos e indispensables para el aprovechamiento óptimo de sus principios nutritivos.

Informaciones adicionales:
- El organismo los debe obtener de los alimentos (la vitamina A de la zanahoria, por ejemplo).
- Tres vitaminas se utilizan también como aditivos: la B2 (E-101) como colorante y las C (ácido ascórbico, E-300) y E (E-306) como antioxidantes.

Volátiles

¿Qué son? Nombre que se da a las moléculas cuando, a causa de su evaporación, se hallan en suspensión o en disolución en el aire.

Informaciones adicionales:

- Las moléculas volátiles pueden ser inodoras (agua, dióxido de carbono, etc.) o bien olorosas. En este último caso, producen su efecto porque se acoplan a los receptores del olfato que se encuentran en la nariz. Según los últimos estudios, somos capaces de diferenciar entre unos 10.000 olores diferentes.
- Los receptores que han acoplado estas partículas olfativas se transmiten al cerebro a través del sistema nervioso. Su estudio y su control podría posibilitar una revolución en el mundo de los perfumes, de los aromas y de la gastronomía.
- Las partículas (moléculas) que posibilitan estas sensaciones son básicamente de dos tipos:
  - Ésteres: Por ejemplo, el antranilato de metilo es el que da olor y sabor a la uva.
  - Aceites esenciales: Por ejemplo, el limoneno, que está presente en la esencia de limón.
- En los alimentos están los unos y los otros, a veces combinados para dar los matices que determinan un olor determinado. Algunas veces se precisa de la combinación de muchos productos para tener la sensación de que olemos un alimento determinado.

Xantana (Goma) (E-415)

aditivos - espesantes
aditivos - estabilizantes

¿Qué es? Hidrato de carbono tipo fibra que se utiliza como aditivo espesante y estabilizante. Por sus propiedades es un hidrocoloide.

¿De dónde proviene? / ¿Cómo se obtiene? Producido por la fermentación de almidón de maíz con una bacteria (*Xanthomonas campestris*) presente en las coles.

Presentación: Producto en polvo.

Informaciones adicionales:

- Por sí sola no puede formar geles, pero puede dar viscosidad a los alimentos a los que se añade.
- Es estable en un rango muy amplio de acidez. Es soluble en frío y en caliente y resiste muy bien los procesos de congelación y descongelación.
- Mezclado con goma garrofín a 1:1 (a partes iguales) da un gel elástico.

Utilizaciones generales:

- **En industria alimentaria:** Emulsiones, como salsas. Helados. Estabilizador de la espuma de la cerveza. Mezclado con otros polisacáridos, especialmente la goma garrofín, es capaz de formar geles y entonces se utiliza en el pudding. También se emplea para dar consistencia en productos bajos en calorías.
- **En restauración:** En experimentación.

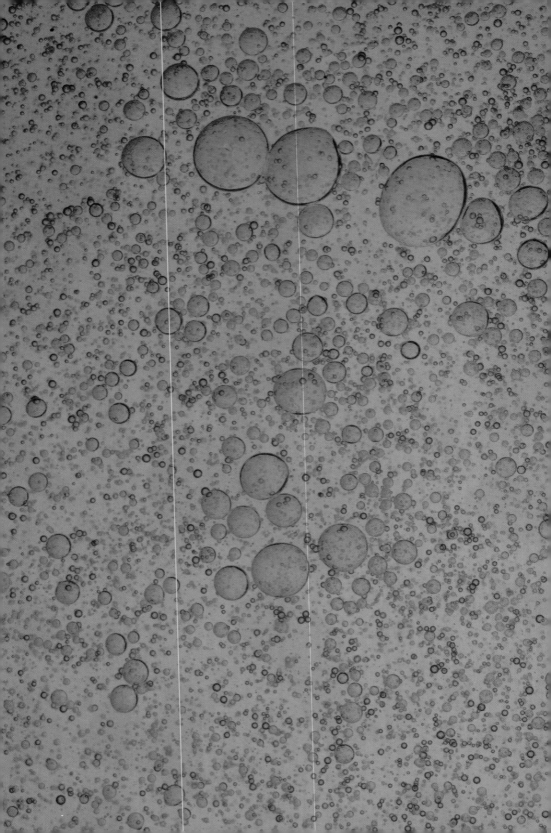

Xantofilas (E-161)

¿Qué son? Pigmentos naturales amarillos anaranjados muy abundantes en la naturaleza (huevos, flores, frutas, hierbas) y que se utilizan como aditivos colorantes.
¿De dónde provienen? / ¿Cómo se obtienen? Por extracción directa de productos naturales (alfalfa, tomate, etc.) o por síntesis química.
Presentación: Producto en polvo o en líquido oleoso.

Informaciones adicionales:

- En los vegetales son los responsables de las coloraciones amarillas, aunque muchas veces quedan enmascaradas por la clorofila.
- En los animales dan color a la yema de huevo, a la carne del salmón y al caparazón de los crustáceos. En este último caso, la xantofila está unida a una proteína y adquiere una coloración azulada o verdusca; esta unión se rompe al calentar y ello explica el cambio de color de los crustáceos al cocerlos.
- Como aditivos (E-161) se obtienen principalmente de la flor de Marigold (clavel de moro) y se utilizan en piensos para gallinas para conseguir un color más intenso en la yema de huevo, así como en alimentación de truchas y salmones de piscifactoría para intensificar la tonalidad de estos pescados.

Utilizaciones generales:

- **En industria alimentaria:** Helados, margarinas, salsas, confitería, bebidas, etc.
- **En restauración:** No tenemos constancia.

Xilitol (E-967)

¿Qué es? Producto del grupo de los polioles, utilizado como aditivo edulcorante.
¿De dónde proviene? / ¿Cómo se obtiene? Por síntesis a partir de la celulosa y otros productos vegetales.
Presentación: Producto en polvo.

Informaciones adicionales:

- Poder edulcorante: Igual que el del azúcar (sacarosa).
- Aunque se fabrica por síntesis, se puede encontrar en la naturaleza en frutas, verduras y cereales.
- Es un producto muy utilizado en pastas dentífricas, ya que su efecto refrescante característico provoca un aumento de salivación que favorece la limpieza y la protección de la dentadura; además, disminuye el crecimiento de microbios asociados a la caries.

Utilizaciones generales:

- **En industria alimentaria:** Chicles; chicles que actúan como limpiadores de la boca; recubrimiento de comprimidos y productos para diabéticos.
- **En restauración:** No tenemos constancia.

La xantana es capaz de retener las burbujas de gas dentro de un líquido.

Yodado

percepciones organolépticas
conceptos alimentarios

¿Qué es? Matiz gustativo relacionado con productos de mar (pescado, crustáceos, moluscos, algas, etc.).

Informaciones adicionales:
También se llama yodado a un producto que se ha enriquecido con yodo, normalmente para prevenir el bocio, enfermedad relacionada con la tiroides y que afecta a personas de zonas con falta de yodo. Ejemplo: sal yodada.

Yodo

composición de los alimentos - minerales

¿Qué es? Elemento químico, componente de ciertas sales minerales (yoduros), empleado como complemento alimentario.
¿De dónde proviene? De productos alimentarios: especies marinas, sobre todo algas.

Informaciones adicionales:
- En el cuerpo humano, el yodo es absorbido por el tubo digestivo y conducido a la glándula tiroides.
- La falta de yodo se relaciona con lesiones cerebrales del feto y del lactante y con problemas de psicomotricidad en niños.

Índice temático

Aditivos

Aditivos - estabilizantes
Alginato sódico (E-401)
Alginatos
Arábiga (Goma) (E-414)
Carragenatos (o Carragenanos
o Carragheens) (E-407)
Celulosa microcristalina (MCC) (E-460)
Fosfatos
Furcelarato (E-407a)
Garrofín (Goma) (E-410)
Gellan (Goma) (E-418)
Glicerina (E-422)
Guar (Goma) (E-412)
Iota (E-407)
Kappa (E-407)
Karaya (Goma) (E-416)
Polifosfatos (E-452)
Sucroéster (E-473)
Tara (Goma) (E-417)
Tragacanto (Goma) (E-413)
Xantana (Goma) (E-415)

Aditivos - gases
Argón (E-938)
Dióxido de carbono (E-290)
Gases (Aditivos)
Helio (E-939)
Nitrógeno (E-941)
Oxígeno (E-948)
Protóxido de nitrógeno (E-942)

Aditivos - gelificantes
Agar-agar (E-406)
Alginato sódico (E-401)
Alginatos
Carragenatos (o Carragenanos
o Carragheens) (E-407)
Curdlan
Furcelarato (E-407a)
Gellan (Goma) (E-418)
Iota (E-407)
Kappa (E-407)
Karaya (Goma) (E-416)
Konjac (Goma o Harina) (E-425)
Metilcelulosa (MC) (E-461)
Pectina HM (E-440)
Pectina LM (E-440)

Aditivos - humectantes
Glicerina (E-422)
Isomaltitol (o Isomalt) (E-953)
Lactitol (E-966)
Maltitol (E-965)
Sorbitol (E-420)

Aditivos - potenciadores de sabor
Glutamato (E-621)

Aditivos - reguladores de la acidez
Acético (Ácido) (E-260)
Bicarbonato de sodio (E-500)
Cítrico (Ácido) (E-330)
Fosfatos
Láctico (Ácido) (E-270)
Málico (Ácido) (E-296)
Polifosfatos (E-452)
Tartárico (Ácido) (E-334)
Tartratos (E-335 a E-337)

Composición de los alimentos

Composición de los alimentos - ácidos
Acético (Ácido) (E-260)
Ácido graso
Aminoácido
Ascórbico (Ácido) (E-300)
Butírico (Ácido)
Cítrico (Ácido) (E-330)
Láctico (Ácido) (E-270)
Málico (Ácido) (E-296)
Tartárico (Ácido) (E-334)

Composición de los alimentos - alcaloides
Alcaloides
Cafeína
Quinina
Teobromina

Composición de los alimentos - alcoholes
Alcohol etílico
Alcoholes
Glicerina (E-422)

Composición de los alimentos - hidratos
de carbono
Almidón
Amilopectina
Amilosa
Azúcar invertido
Azúcares
Celulosa
Dextrina
Dextrosa
Disacárido
Fécula
Fibras
Fructosa

Galactosa
Glicirricina
Glucanos
Glucógeno
Glucosa
Glucosa jarabe
Hexosa
Hidratos de carbono
Lactosa
Maltodextrina
Maltosa
Manosa
Monosacáridos
Oligosacáridos
Pectina HM (E-440)
Pectina LM (E-440)
Polisacáridos
Rafinosa
Sacarosa
Saponinas
Trehalosa
Triosa
Trisacáridos

Composición de los alimentos - lípidos
Aceites
Colesterol
Fosfolípidos
Glicéridos (E-471, E-472, E-474)
Grasas
Lípidos
Omega 3
Triglicérido

Composición de los alimentos - minerales
Agua
Calcio
Cloro
Fosfatos
Fósforo
Hierro
Magnesio
Potasio
Sales de calcio
Sales de sodio
Sales minerales
Sodio
Yodo

Composición de los alimentos – pigmentos y otros compuestos
Antocianos
Antoxantinas
Carotenos (E-160)

Clorofila (E-140)
Flavonoides
Melanina
Naringina
Quercitina
Taninos
Xantofilas (E-161)

Composición de los alimentos - proteínas
Albúminas
Amilasa
Caseína
Colágeno
Enzimas
Gelatina (Colas de pescado)
Gluten
Hemoglobina
Mioglobina (Mi)
Ovoalbúmina
Proteínas
Proteínas fibrosas
Proteínas globulares
Queratinas
Quimiosina
Renina
Seroalbúmina
Tranglutaminasa (Tgasa o TG)

Conceptos alimentarios

Acidulante
Aditivo (Alimentario)
Agente de carga
Agente de recubrimiento
Alimentario
Alimentos
Antiaglomerante
Antiespumante
Antioxidante
Bloom (Grados)
Brix (Grados)
Cata
Composición de los alimentos
Conservación (Procedimientos de)
Dextrosa equivalente (DE)
Edulcorante
Edulcorante calórico
Edulcorante intensivo
Emulsionante (o Emulgente)
Esencia
Espesantes
Espumantes
Estabilizantes
Ésteres alimentarios
Gasificantes

Gelificantes
Goma alimentaria
Grasas
Hidrocoloide
Humectante
Ingrediente (Alimentario)
Levadura química
Liquen blanco
Líquido de dominio
Mucílago
Musgo irlandés (*Irish moss*)
Nutracéuticos (Productos)
Potenciador del sabor
Productos alimentarios intermedios (PAI)
QS (*Quantum satis*)
Sal fundente
Sucedáneo
Suero lácteo
Textura
Vitaminas
Yodado

Conceptos científicos

Acidez
Ácido
Actividad de agua (AW)
Aerosol
Álcali
Alcoholes
Artificiales (Productos)
Átomo
Bacterias
Biodegradable
Biología
Bioquímica
Biotecnología
Caloría
Carga eléctrica
Célula
Coagular
Coloide
Colorante
Compuesto bioquímico
Compuesto químico
Densidad
Dietética
Disolvente
Dureza (del agua)
Electrón
Elementos químicos
Emulsionante (o Emulgente)
Enlace
Extracto seco
Física
Flora intestinal

Gastronomía molecular
Gel
Gen
Genética
Genoma
Hidrófilo
Hidrófobo
Higroscopicidad
HLB (Balance hidrófilo/lipófilo)
Hongos
Humedad relativa (HR)
Ión
Levadura
Materia
Microondas
Microorganismo (o Microbio)
Minerales (Productos)
Modificados (Productos)
Molécula
Naturales (Productos)
Naturales idénticos (Productos)
Nutrición
Nutriente
Oligoelemento
Organoléptico
Péptido
pH
Pigmentos
Poise
Polifenoles (Alimentarios)
Polímero
Presión
Proceso biológico
Proceso físico
Proceso químico
Punto de ebullición
Punto de fusión
Química
Químicos (Productos)
Radiación
Reología
Resina (Natural)
Sal
Salmonelosis
Secuestrante
Sinéresis
Sinergia
Sintéticos (Productos)
Soluble (Producto)
Soluto
Suspensión
Suspensor (Poder)
Tabla periódica
Tensioactivo
Tensión superficial
Termoirreversibilidad
Termorreversibilidad

Tixotropicidad
Transgénico (Alimento)
Viscosidad
Volátiles

Percepciones organolépticas

Ácido
Agrio
Amargo
Aroma
Astringente
Dulce
Flavour
Matices gustativos (*Mouthfeels*)
Olor
Rancio
Sabor
Salado
Umami
Yodado

Procesos físicos o químicos

Acidificación
Clarificar
Congelación
Decantación
Deshidratación
Desnaturalización (de las proteínas)
Destilación
Disolución (o Solución)
Disolución saturada
Emulsión
Encapsulamiento
Enranciamiento
Espuma
Esterilización
Extracción
Extrusión
Exudación
Fat Bloom
Fermentación
Filtración
Hidratación
Hidrogenación
Hidrólisis
Homogeneizar
Ionización
Liofilización
Maillard (Reacción de)
Neutralización
Ósmosis
Ósmosis inversa
Oxidación (Alimentaria)

Pasteurización
Precipitación
Reacción
Reducción
Reflujo
Refrigeración
Retrogradación
Solvatación
Sublimación
UHT (Uperización)

Productos minerales

Agua
Bentonitas
Bicarbonato de sodio (E-500)
Cal
Caolín
Cloro
Diatomeas
Lejía
Minerales (Productos)
Sal
Sal potásica

Tecnología

Tecnología - aparatos
Agitador magnético
Alambique
Autoclave
Centrífuga
Cromatógrafo
Estufa bacteriológica y de cultivos
Homogeneizador
Liofilizador
pH-metro
Rotavapor
Viscosímetro

Tecnología - utensilios
Alcoholímetro
Embudo de decantación
Papel indicador
Pipeta
Probeta
Refractómetro

 Planeta

España
Av. Diagonal, 662-664
08034 Barcelona (España)
Tel. (34) 93 492 80 36
Fax (34) 93 496 70 58
Mail: info@planetaint.com
www.planeta.es

P.º Recoletos, 4, 3.ª planta
28001 Madrid (España)
Tel. (34) 91 423 03 00
Fax (34) 91 423 03 25
Mail: info@planetaint.com
www.planeta.es

Argentina
Av. Independencia, 1668
C1100 ABQ Buenos Aires
(Argentina)
Tel. (5411) 4382 40 43/45
Fax (5411) 4383 37 93
Mail: info@eplaneta.com.ar
www.editorialplaneta.com.ar

Brasil
Rua Ministro Rocha Azevedo, 346 -
8.º andar
Bairro Cerqueira César
01410-000 São Paulo (Brasil)
Tel. (5511) 3087 88 88
Fax (5511) 3898 20 39

Chile
Av. 11 de Septiembre, 2353, piso 16
Torre San Ramón, Providencia
Santiago (Chile)
Tel. Gerencia (562) 431 05 20
Fax (562) 431 05 14
Mail: info@planeta.cl
www.editorialplaneta.cl

Colombia
Calle 73, 7-60, pisos 7 al 11
Bogotá, D.C. (Colombia)
Tel. (571) 607 99 97
Fax (571) 607 99 76
Mail: info@planeta.com.co
www.editorialplaneta.com.co

Ecuador
Whymper, N27-166, y A. Orellana,
Quito (Ecuador)
Tel. (5932) 290 89 99
Fax (5932) 250 72 34
Mail: planeta@access.net.ec
www.editorialplaneta.com.ec

Estados Unidos y Centroamérica
2057 NW 87th Avenue
33172 Miami, Florida (USA)
Tel. (1305) 470 0016
Fax (1305) 470 62 67
Mail: infosales@planetapublishing.com
www.planeta.es

México
Av. Insurgentes Sur, 1898, piso 11
Torre Siglum, Colonia Florida, CP-01030
Delegación Álvaro Obregón
México, D.F. (México)
Tel. (52) 55 53 22 36 10
Fax (52) 55 53 22 36 36
Mail: info@planeta.com.mx
www.editorialplaneta.com.mx
www.planeta.com.mx

Perú
Grupo Editor
Jirón Talara, 223
Jesús María, Lima (Perú)
Tel. (511) 424 56 57
Fax (511) 424 51 49
www.editorialplaneta.com.co

Portugal
Publicações Dom Quixote
Rua Ivone Silva, 6, 2.º
1050-124 Lisboa (Portugal)
Tel. (351) 21 120 90 00
Fax (351) 21 120 90 39
Mail: editorial@dquixote.pt
www.dquixote.pt

Uruguay
Cuareim, 1647
11100 Montevideo (Uruguay)
Tel. (5982) 901 40 26
Fax (5982) 902 25 50
Mail: info@planeta.com.uy
www.editorialplaneta.com.uy

Venezuela
Calle Madrid, entre New York y Trinidad
Quinta Toscanella
Las Mercedes, Caracas (Venezuela)
Tel. (58212) 991 33 38
Fax (58212) 991 37 92
Mail: info@planeta.com.ve
www.editorialplaneta.com.ve

Grupo  Planeta   Planeta es un sello editorial del Grupo Planeta   www.planeta.es